사회복지현장실습과 세미나

홍나미 · 김혜영 · 이은진 · 신인순

KNOWLEDGE COMMUNITY 공동체

머리말

사회복지현장실습은 사회복지사 자격을 갖추기 위해 반드시 거쳐야 하는 중요한 통과의례 과정이다. 학생들이 경험하는 사회복지현장실습은 사회복지 현장 전체로 각인될 정도로 사회복지현장실습 경험은 강렬하다. 따라서 사회복지현장실습은 학생들이 사회복지사의 길을 가겠다고 결단하는 시간이기도 하며, 사회복지사로서 정체성이 확립되는 공간이 된다. 강의실에서 배운 사회복지실천의 가치 및 윤리, 지식 그리고 사회복지실천과정 및 기술을 사회복지 실천현장에 실제로 적용하는 현장실습을 통해 학생들은 전문직으로서의 사명감과 필요한 실천능력을 학습하고 훈련받는다.

사람을 대하는 사회복지의 직무 특성으로 사회복지현장실습의 중요성이 강조되면서 사회복지현장실습 기준이 강화되었다. 사회복지사업법 시행규칙 개정으로 2020년부터 기관실습 시간은 160시간 이상, 실습세미나 수업은 30시간 이상으로 운영되고 있다. 실습기관은 사회복지사업을 수행하는 기관, 법인, 시설 또는 단체이어야 하며 자격요건을 갖춘 실습 지도자는 2명 이상 근무하고 있어야 한다. 또한 사전에 한국사회복지사협회에 실습기관으로 선정이 된 기관에서만 실습이 가능하다. 학생들이 예비사회복지사로서 성장하고 훈련받을 수 있는 현장실습 체계가 견고해지는 만큼 학생들도 사회복지현장실습을 철저히 준비하는 과정이 요청된다.

이 책은 사회복지학 전공 학생들이 다양한 모습으로 자신의 삶을 살아내는 클라이언트를 이해하고, 클라이언트가 존재하는 현장에서 이들을 체계적으로 지원하는 사회복지 기관의 기능과 역할을 이해할 수 있기를 바라는 마음으로 집필이 시작되었다. 학생들이 사회복지 현장실습을 설레는 마음으로 기대하고, 기대한 만큼 사회복지 현장실습을 촘촘하게 준비하고 맞이할 수 있도록 교재 내용을 구성하였다. 실습 과정을 통해 파악한 사회복지 현장의 숨 쉬는 이야기들, 그리고 사회복지 현장의 생생한 이슈와 고민 등을 실습세미나로 연결하여 논의되기를 기대한다.

이 책은 총 3부 13장으로 구성되어 있다. 제1부는 사회복지현장실습에 대한 전반적인 내용을 개관하였다. 1장은 사회복지현장실습의 개요, 2장은 사회복지현장실습 안내, 3장은 사회복지현장실습의 역할과 자세, 4장은 사회복지현장실습 진행과정을 소개하였다. 제2부는 사회복지현장실습 분야를 구체적으로 설명하였다. 5장은 아동복지 분야, 6장은 노인복지 분야, 7장은 장애인복지 분야, 8장은 지역사회복지 분야, 9장은 정신건강 분야, 10장 기타 사회복지 분야로 학교사회복지 분야와 의료사회복지 분야를 소개하였다. 실천영역별로 시설의 종류 및 기능을 설명하고, 분야별 특성 및 실습 유의사항에 대하여 다루었다. 제3부는 사회복지현장실습 기록에 대한 내용이다. 11장은 사회복지실습보고서 작성법, 12장은 사회복지 프로그램 프로포절 작성법, 13장은 사례관리 운영과정 기록을 소개하면서 필요한 서식과 작성 방법 등을 제시하였다.

이 책의 1 · 9 · 10 · 11장은 이은진 교수, 2 · 7 · 13장은 홍나미 교수, 3 · 5 · 6장은 김혜영 교수, 4 · 8 · 12장은 신인순 교수가 저술하였다.

이 책의 집필진은 모두 사회복지학과 전공 교수로 '사회복지현장실습' 강의를 담당하면서 학생들이 겪는 어려움을 지켜보았다. 사회복지현장실습을 준비하는 단계에서, 사회복지현장에서 실습을 진행하는 단계에서, 세미나를 논의하는 단계에서 학생들이 이 책을 펼쳐가며 도움받기를 바란다. 학생들이 사회복지현장실습을 주체적으로 경험하며 사회복지사로 성장하는 데 이 책이 조금이나마 디딤돌이 되기를 바란다. 끝으로 이 책이 출판되기까지 지원해 주신 공동체 가족 여러분께 진심으로 감사드린다.

2022년 6월

저자 일동

차 례

■ 머리말 / 3

PART 1 사회복지현장실습 이해

PART 2 사회복지현장실습 분야

PART 3 사회복지현장실습 기록

PART 01

사회복지현장실습 이해

CHAPTER 01

사회복지현장실습 개요

1. 사회복지현장실습의 개념

사회복지현장실습이란 사회복지실천의 가치 및 윤리, 지식 및 사회복지실천 과정과 기술에 대해 사회복지실천현장에서 실제 적용하고, 현장실습을 통한 전문적인 사명감을 갖게 하며 사회복지사를 교육하고 훈련하는 목적을 가지고 있는 사회복지전문직의 교육활동이다(한국사회복지교육협의회, 2012 : 44).

이러한 사회복지현장실습은 사회복지사 자격을 갖추기 위한 필수 과목 중 하나로 사회복지사업법에 준하여 실시된다. 즉, 사회복지현장실습은 사회복지사 자격제도에 필요한 역량을 갖추는 교육으로 사회복지학을 전공하는 학생이라면 누구나 사회복지현장실습을 이수하여야 하며, 실습과정을 통하여 다양한 실천현장에서 조직의 일원이자 예비 사회복지사로서 직·간접적인 업무를 경험하게 된다.

또한 사회복지현장실습은 사회복지학 교육의 핵심 교과목으로, 사회복지학을 다른 유사 학문과 차별화시키고 사회복지의 응용 학문 특성을 잘 반영하고 있다. 사회복지현장실습을 통해 이론과 실천을 결합하는 의미 있는 현장교육이다. 이러한 현장교육을 통해 실습생은 사회복지사로서의 소양을 쌓고 변화하는 계기를 가지며, 사회복지사가 자신이 나아가야 할 진정한 진로인지를 현장학습을 통해 결정하게 된다.

결과적으로 사회복지현장실습은 예비 사회복지사로서의 실무경험을 바탕으로 사회복지실천현장에서 기초실습에 해당되는 이해를 하고, 전문적인 교육을 실시하는 중요한 교육과정의 하나이다(이원주 · 우병훈, 2020).

2. 사회복지현장실습의 필요성

사회복지현장실습은 사회복지현장의 풍부한 경험을 통하여 장차 사회복지사로서 실천적 유능성을 갖추기 위해 필요하다.

사회복지현장실습은 사회복지현장에 대한 이해의 기회를 제공한다는 점에서 큰 교육적 가치를 가지며, 실습생은 자신이 선택한 진로에 대한 제고를 통해 미래 직업 계획을 세우는 데 중요한 역할을 한다. 이러한 필요성을 통해 실습생은 사회복지현장에서의 현장경험을 통해 사회복지사로서의 정체감을 갖게 된다.

그 필요성을 구체적으로 제시하면, 다음과 같다.

1) 사회복지사에게 필요한 필수 능력은 교과 과정을 통해서만 습득할 수 없기 때문에 사회복지현장에서의 경험이 필요하다.

2) 실습생은 교과 과정에서 배운 사회복지 이론과 지식을 실습을 통해 사회복지 현장에서 직접 실천할 수 있는 기회를 가지게 된다.

3) 실습생은 실습과정을 통하여 자신의 적성뿐만 아니라 사회복지실천가로서의 장점과 단점을 발견하게 되어 사회복지사로서의 자기이해에 도움이 된다.

4) 실습생은 실습과정을 통하여 사회복지에 대한 지식을 습득할 수 있고, 사회복지사로서 익혀야 할 행정업무 등을 익힐 수 있는 기회를 가지게 된다.

3. 사회복지현장실습의 목적과 목표

사회복지현장실습은 사회복지 교육 목적을 달성하기 위해 사회복지 철학 및 윤리에 입각하여 학교에서 배운 이론과 기술을 사회복지실천현장에서 적용하고, 실행하는 방법을 배우는 과정으로, 사회복지 교육 과정의 핵심이다. 이에 학생들은 사회복지현장실습을 통해 개념적 지식을 실제에 적용시켜 그 진의를 터득할 수 있을 뿐 아니라 실천과정에서 얻어지는 경험과 관찰에 비추어 기존의 지식을 다져나가거나 재확립할 수 있는 기회가 필요하다.

또한 사회복지현장실습을 통한 실천은 하나의 구별된 방법론이 아니라, 다양한 방법과 전략, 사회복지와 사회복지사의 역할을 총체적으로 경험할 수 있는 통합적 배움의 기회로 이해되어야 한다.

따라서 사회복지현장실습의 목적은 학생들에게 사회복지실천의 이론, 지식, 기술을 바탕으로 전문 능력을 양성할 수 있는 기회를 제공하는 것이다.

사회복지현장실습은 다음과 같이 크게 실습생, 실습기관, 학교의 목적으로 나뉜다.

1) 사회복지현장실습의 목적

(1) 실습생의 목적

- 학교에서 배운 지식과 기술을 실천에 옮기는 기회
- 실습현장에서 새로운 실천지식과 기술을 익히는 기회
- 사회복지시설에 대한 이해
- 전체적인 사회복지실천 과정을 습득
- 전문직 정체감 형성
- 사회복지 전문직에 대한 이상과 사회복지를 택한 동기, 재확인

(2) 실습기관의 목적

- 사회복지의 새로운 경향과 기술, 지식, 이론을 접하는 기회로 활용
- 전문사회복지사 양성을 위한 교육 프로그램 개발 기회로 활용

- 학교와의 지속적인 연계로 이론과 실무에 대한 정보 교환의 기회로 활용
- 대학과 협력하여 미래 사회복지사 양성에 기여

(3) 학교의 목적

- 교육과 실천현장의 교량 역할 수행
- 교육과 학습의 보조 역할 수행
- 사회복지교육과정의 효율성, 효과성을 평가하는 기회로 활용
- 타 학교 실습생과 함께 실습에 임함으로써 사회복지 관련 정보, 실습경험을 공유하며 사회복지사로서의 폭넓은 정체성 형성
- 학생들의 졸업 후 취업기회의 제공

사회복지현장실습의 일반적인 목표는 클라이언트인 개인, 가족, 집단, 조직, 지역사회를 대상으로 실천가로서의 역량을 개발시키는 것이다. 이러한 사회복지현장실습의 목표를 구체적으로 살펴보면 다음과 같다.

2) 사회복지현장실습의 목표

(1) 지식의 습득

① 인간과 환경 간의 공식적, 비공식적 체계에서의 상호 관련성 이해
② 클라이언트에 대한 포괄적인 이해
③ 직접적 실천방법에 대한 이해
④ 사회복지실천의 객관적인 평가방법 이해
⑤ 원조과정의 기본적 원칙 이해
⑥ 다양한 사회복지 분야에 대한 이해
⑦ 사회복지사의 역할 및 지역사회 사회복지시설과의 관계 이해
⑧ 사회복지사로서 개인적 가치관 확립 및 철학, 목적, 윤리 등 인접학문의 상호 관계 이해
⑨ 사회복지실천에서의 정보 습득 이해

(2) 전문적 실천기술의 개발

① 체계적 관점을 통한 핵심문제 규정
② 습득한 정보를 바탕으로 환경요인의 영향을 평가하고, 조직화 및 평가기술 개발
③ 클라이언트가 자신의 욕구와 문제를 인식하고 이해할 수 있는 의사소통기술 개발
④ 지역사회 내 자원을 개발 및 활용하여 클라이언트의 욕구에 따른 자원을 연결하고, 클라이언트를 타 기관에 의뢰
⑤ 사회복지시설 내·외부의 특성 및 환경을 파악하고, 관련 정책 이해
⑥ 사회복지사로서의 전문적 기술 개발
⑦ 개인적 가치관을 확립하고 효과적으로 서비스를 제공하는 기술 개발

(3) 사회복지사로서의 태도 개발

① 전문직으로서의 책임성 있는 태도와 자세를 가지는 것
② 클라이언트에 대한 최선의 이익을 얻기 위해 원조하는 태도를 가지는 것
③ 거시적 관점에서 문제를 파악하고 태도를 기르는 것
④ 사회복지실천의 과학적 방법을 인식하고, 실천과정, 평가방법 및 관련 태도를 갖추는 것
⑤ 지식을 습득하는 책임성 있는 태도를 기르는 것
⑥ 슈퍼비전을 받아 실습내용을 적절한 전문가로서의 효과적인 학습을 이행하는 것

4. 사회복지현장실습의 주요 내용

1) 사회복지시설에 대한 이해

사회복지현장실습을 통해서 사회복지시설의 구조와 운영에 대해 이해하고, 기관의 주요 사업 및 서비스에 대해 이해하게 된다.

2) 지역사회에 대한 이해

실습기관이 위치해 있는 지역사회의 인구 현황, 환경의 변화 속에 지역사회 문제를 파악 및 분석하고, 이를 해결하는 데 필요한 지역사회 환경체계를 파악하고 자원을 활용하는 방법을 이해하게 된다.

3) 사회복지실천 경험

사회복지사는 클라이언트 체계(개인, 가족, 집단, 조직, 지역사회 등)에 직접적인 사회복지실천을 실행한다. 사회복지현장실습을 통해 문제를 확인하고, 관련 정보를 수집하고 분석하며, 개입계획을 수립, 실행, 평가하는 전반적인 사회복지실천을 경험하게 된다.

4) 사회복지사로서의 정체성 확립을 위한 경험

실습생은 사회복지현장실습 후 작성하는 기록을 통해 실습기관의 실습지도자와 실습 지도교수가 제공하는 지도 및 슈퍼비전을 제공받게 된다. 이때 사회복지사로서의 정체성과 역할, 지식, 기술, 자기인식, 전문가적 태도 등을 가지게 된다.

5. 사회복지현장실습의 기대효과

사회복지현장실습의 목적과 목표를 통해 실습생, 실습기관, 학교는 다음과 같은 기대효과를 가진다.

1) 실습생의 기대효과

① 실습교육을 통해서 학교에서 배운 이론을 사회복지현장에서 적용할 수 있는 기회를 가진다.

② 실습교육을 통해서 사회복지사의 전문적 역할수행을 관찰할 수 있는 간접적인 학습의 기회를 가진다.

③ 실습교육을 통해서 클라이언트, 전문가 집단을 만나게 됨으로써 사회복지의 문화, 규범, 가치를 배우는 사회화 과정에 참여할 수 있는 기회를 가진다.
④ 실습교육을 통해서 사회복지직이 자신에게 맞는 직업인지를 결정할 수 있는 기회를 제공받아 실습생의 미래 직업 계획을 세우는 데 중요한 역할을 한다.
⑤ 예비 사회복지사로서 정체성을 확립을 위한 기회를 제공한다.

2) 실습기관의 기대효과

① 실습교육을 통해서 인력 활용의 기회를 가진다.
② 실습교육을 통해서 예비 사회복지사를 양성하는 기회를 가진다.
③ 실습교육을 통해서 효율적인 인력 수급을 위해서 잠재적 자원을 개발, 선택, 평가할 수 있는 기회를 가진다.
④ 실습지도자의 슈퍼바이저로서의 역량을 개발하는 데 기여한다.

3) 학교의 기대효과

① 실습교육을 통해서 사회복지교육의 목적을 효과적으로 실현할 수 있는 기회를 가진다.
② 실습교육을 통해서 사회복지현장 경험의 기회를 지속적으로 제공받고 학문 연구를 강화시키는 기회를 가진다.

사회복지사 선서

나는 모든 사람들이 인간다운 삶을 누릴 수 있도록,
인간존엄성과 사회정의의 신념을 바탕으로,
개인 · 가족 · 집단 · 조직 · 지역사회 · 전체사회와 함께한다.

나는 언제나 소외되고 고통받는 사람들의 편에 서서,
저들의 인권과 권익을 지키며,
사회의 불의와 부정을 거부하고,
개인이익보다 공공이익을 앞세운다.

나는 사회복지사 윤리강령을 준수함으로써,
도덕성과 책임성을 갖춘 사회복지사로 헌신한다.
나는 나의 자유의지에 따라 명예를 걸고 이를 엄숙하게 선서합니다.

출처 : 한국사회복지사협회(https://www.welfare.net).

CHAPTER 02

사회복지현장실습 안내

사회복지사업법 시행규칙 제3조에서는 사회복지현장실습 교과목에 관한 기준으로 실습기관, 실습지도자, 실습시간에 관해 [별표 1]에서 별도로 규정하고 있다(보건복지부령 제663호, 2019년 8월 12일 개정, 시행일 2020년 1월 1일). 2장에서는 실습기관과 실습지도자, 그리고 실습기간에 대하여 구체적으로 안내하고, 현장실습을 위한 첫 진입단계로서 실습신청서와 프로파일 작성 방법에 대해 설명하고자 한다.

1. 사회복지현장실습기관 선정

1) 실습기관 선정 중요성

사회복지현장실습에서 가장 중요한 일은 실습기관을 선정하는 것이다. 160시간 동안의 사회복지실습 경험은 사회복지 현장을 이해하는 기본 틀이 되며, 앞으로의 진로 방향을 설정하는 데 깊은 영향을 미치기 때문이다. 사회복지현장은 매우 다양하고 기관의 설립목적에 따라 기능과 역할이 다르므로 실습생들이 기관을 선정하는 일은 매우 어려운 과정이다. 때때로 학생들이 실습에 열의와 관심이 있을지라도 실습기관에 대한 이해가 부족한 상황에서 실습을 시작할 경우 실습지를 변경하거나 실습을 그만두는 경우가 발생하기도 한다. 따라서 실습생들은 실습에 앞서 사회복지기관에서 실시하는 다양한 봉사활동에 참여하면서 본인의 관심 분야를 탐색하는 것이 필요하다.

정리하면 실습희망기관에 대한 충분한 사전 이해는 실습생이 실습기관을 선택하는 데 있어 가장 중요한 요소이다. 한국사회복지사협회 자격관리센터에 등록되어 있는 기관 정보를 중심으로 실습희망기관을 선정하되, 실습 지도교수 및 실습담당 조교, 선배들 그리고 기관 홈페이지를 통해 해당 기관에 대한 충분한 정보를 수집하도록 지도한다. 또한 대학에서 사전에 접촉하여 개발한 실습기관에 관한 세부 정보(실습기관 소개 파일)를 학생들에게 제공하여 학생들이 실습희망기관을 정하는 데 도움이 되도록 한다(한국사회복지교육협의회, 2020).

2) 실습기관 및 지도자 규정

(1) 실습기관

2020년부터 사회복지현장실습을 운영하는 모든 시설은 보건복지부장관 실습기관으로 선정이 되어야 한다. 실습기관으로 선정되기 위해서 기관에서는 기관실습 실시기관 선정 신청서(사회복지설립근거, 실습교육시간, 기관실습비)를 기관실습계획서, 사회복지사업 수행 사실 확인서와 함께 한국사회복지사협회에 제출하여야 한다. 실습기관에서 실습지도자는 2명 이상이어야 하며, 실습지도자는 사회복지사업 실무경험 확인서를 제출하여야 한다. 실습생은 선정된 실습기관 목록을 사회복지현장실습 등록시스템(http://lic.welfare.net)에서 찾아볼 수 있다.

- 사회복지사업법에 따른 사회복지법인 · 사회복지시설
- 사회복지사업과 관련된 기관 및 단체
  - 사단법인 · 재단법인 : 관청의 허가를 받은 단체로 사회복지사업을 목적으로 하는 비영리 단체
  - '사회복지사업'이란 사회복지사업법에 명시된 '정의'를 말함
- 공공기관 : 자원봉사센터 등
- 사회복지서비스를 제공하는 병원, 상담소, 학교, 교정기관, 시민사회단체 등

– 관할 관청의 인 · 허가를 받은 상태 또는 신고된 상태여야 함. 설치 뒤 1년이 지나지 않은 경우 등록 불가, 심사 시 정관, 실습계획서 등 추가 서류를 요청할 수 있음
※ 실습기관은 반드시 법적 기준에 따른 실습지도자가 있어야 함

(2) 실습지도자

실습지도자는 사회복지사 1급 자격증을 소지한 자로 3년 이상의 사회복지사업 실무경험이 있거나 사회복지사 2급 자격증 소지한 자로서 5년 이상 사회복지사업 실무경험이 있는 2명 이상의 보수교육을 받은 자이어야 한다. 실습지도자의 기준은 다음의 어느 하나 기준을 만족하면 가능하다. 사회복지현장실습 등록시스템(http://lic.welfare.net)을 통해 등록된 실습지도자 여부를 확인할 수 있다.

[예시 1] 사회복지사 1급 자격증을 교부받은 후 3년 이상 사회복지 실무경험자
[예시 2] 사회복지사 2급 자격증을 교부받은 후 5년 이상 사회복지 실무경험자
[예시 3] 사회복지사 2급 자격증을 교부받은 후 4년 사회복지 실무경험이 있고, 1급으로 승급 후 1년 사회복지 실무경험자
[예시 4] 사회복지사 2급 자격증을 교부받은 후 6년 사회복지 실무경험이 있고, 1급으로 승급 후 6개월 사회복지 실무경력자

3) 실습기관 선정 과정

(1) 실습기관 선정 배치 방식

실습생의 실습기관 선정 배치의 방식은 대학 주도의 실습기관 선정, 실습희망자 주도의 실습기관 선정의 두 가지 형태로 운영될 수 있다.

대학 주도의 실습기관 선정	실습희망자 주도의 실습기관 선정
• 대학과 협약된 실습기관에 실습생을 배치할 때 실습희망자가 해당 실습기관에서 실습을 수행하는 데 적절한지에 대해 종합적으로 평가하여야 함 • 실습기관 배치 시 대학에서는 실습 희망자의 진로 및 적성을 우선적으로 고려하여 배치함으로써 학습자의 학습 요구를 최대한 존중하여야 함 • 실습 희망자가 원하는 분야의 실습기관이 부족하여 학습자의 학습기회가 제한되지 않도록 대학에서는 최선의 노력을 기울여야 함	• 실습희망자가 자율적으로 실습기관을 선정하여 지원하더라도 대학에서는 실습기관이 기관실습에 적합한 요건을 갖추었는지 이중으로 점검하여 학습자가 불이익을 당하지 않도록 노력하여야 함 • 대학에서는 실습 희망자가 자신의 진로와 적성을 고려하여 실습기관에 지원할 수 있도록 충분한 정보를 제공하여야 함 • 실습기관을 지원하는 데 어려움을 겪는 학습자에 대해서는 대학 및 교육기관에서 지원방안을 마련하여야 함

(2) 실습기관 선정 과정

① 희망실습기관 섭외 및 신청서 작성

실습기관 선정과정에서 실습생은 희망실습기관을 섭외한 후에 실습기관 사항과 본인의 인적사항 등을 작성한 '실습신청서'를 학과에 제출한다. '실습신청서'는 공식적으로 실습생이 실습기관에서 실습을 한다는 내용의 공문을 보낼 수 있는 기초자료가 되므로, 실습기관 정보와 실습 일정 등을 명확히 작성해야 한다.

② 실습의뢰 공문 발송

실습 지도교수는 실습담당 조교와 함께 실습생들이 희망하는 실습기관 목록을 취합한 뒤, 학과에서는 학과장 명의로 해당 기관에 팩스나 이메일을 통해 실습 의뢰 공문을 발송한다.

③ 실습기관 통보

실습기관에서는 학과의 실습의뢰 공문을 받고 실습 진행 여부를 확정하여 학과에 실습의뢰에 대한 회신을 한다. 회신을 받은 후에 학과에서는 학생들에게 통보하여 실습이 공식적으로 이루어졌음을 알린다.

④ 기관 사전방문 또는 전화

해당 학생은 실습 예정기관에 사전방문 또는 유선 접촉을 통해 기관의 실습교육 관련 지침과 계획(실습비 금액 및 납부 방법, 실습 인원, 기자재 사용 규정, 사전 준비사항, 실습 일정 및 내용) 등을 확인한 뒤 실습을 준비한다.

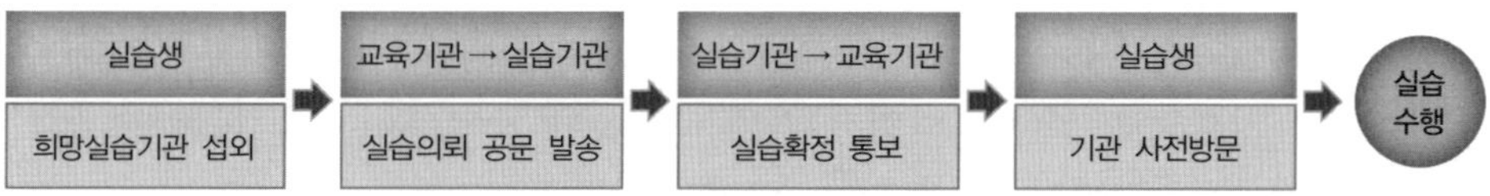

|그림 2-1| 실습기관 선정 과정

2. 실습 기간 및 유형

사회복지현장실습은 학교마다 개설하는 학년과 학기는 다르지만, 현장실습 수행 시기에 따라 일반적으로 방학 중 실습과 학기 중 실습으로 구분된다. 실습 시간은 사회복지사업법 시행규칙 제3조 [별표 1] 제2호(보건복지부령 제663호, 2019년 8월 12일 개정)에 따라 160시간 이상을 실시해야 한다. 일반적으로 1일 실습 시간은 8시간을 초과하지 않아야 하며 20일(160시간)이 기본 실습기준이 된다. 실습기관이나 학생의 상황에 따라 방학 중 실습 또는 학기 중 실습, 그리고 직장인을 위한 시간제 및 근무지 실습의 형태 중에서 선택하여 이수가 가능하다. 현장실습 수행 시기에 따라 방학 중 실습과 학기 중 실습의 특징을 장단점을 통해 살펴보면 다음과 같다.

1) 방학 중 사회복지현장실습

방학 중에 진행되는 사회복지현장실습은 실습생이 1일 8시간씩 주 5일을 연속하여 실습기관에 출근하여 4주 이상을 실습에 참여하는 것을 의미한다. 방학 중 사회복지현장실습의 장점으로는 첫째, 매일매일의 업무가 연계되므로 실습에 집중할 수 있어 효과적인 현장학습이 이루어질 수 있다. 둘째, 주 4회 이상 집중적으로 실습하면서 사회복지기관의 운영 전반을 파악할 수 있다. 셋째, 기관에서 운영하는 다양한 활동과 직원 회의에 참여하면서 기관의 기능과 역할을 숙지하고, 사회복지사에게 필요한 역량을 습득할 수 있다. 넷째, 방학 중에 실습을 실시하므로 집이나 학교에서 멀리 위치한 곳이라도 자신이 관심을 지닌 사회복지 분야의 기관을 선정하여 실습할 수 있다.

반면 방학 중 실시하는 사회복지현장실습은 대학에서 지도교수로부터 실습 슈퍼비전이 제한적으로 이루어진다는 단점이 있다. 현장실습과 실습 세미나가 동시에 이루어지지 않으므로 실습을 하면서 겪는 어려움이나 이슈를 즉시 다룰 수 없다. 실습생은 실습에서 겪는 이슈에 대한 논의는 기관에서 슈퍼비전 시간을 활용하여 다루고, 실습 지도교수와 전화 또는 문자 등 매체를 활용하여 함께 논의하면서 보완할 수 있다.

2) 학기 중 사회복지현장실습

학기 중 사회복지현장실습은 실습생이 학기 중에 실습 세미나를 수강하면서 실습기관에 주 1~2회씩 10주 이상 참여하는 것을 의미한다. 학기 중 진행되는 사회복지현장실습의 장점은 첫째, 실습 지도교수의 지도·감독을 받으며 사회복지현장실습을 진행할 수 있다는 장점이 있다. 학기 중에 실습 세미나가 운영되므로 실습과 관련된 이슈에 대해 지도교수와 함께 의논하고, 기관에서 부딪히는 어려움 등을 효과적으로 해결할 수 있다. 둘째, 실습경험이 있는 다른 학생들과 정보 교환 및 토론을 통해 실습에 유연하게 참여할 수 있다.

한편 학기 중 실습은 해당 학기에 이수해야 할 교과목 수업과 병행되므로 사회복지현장실습에 집중하기 어렵다는 단점이 있다. 또한 실습이 일주일 가운데 동일한 요일에 이루어지므로 기관의 다양한 회의나 활동에 참여할 수 없고, 실습이 주 1~2회 실시되므로 업무가 단절되어 지속적인 업무에 대한 수행이 어려울 수 있다. 학기 중 실습을 할 경우, 다른 교과목 강의 시간과 중복되지 않도록 주의하며, 실습이 진행될 수 있도록 일정을 확보하는 것이 필요하다.

3) 시간제 실습

시간제 실습은 직장을 가진 학생들이 야간에 강의를 수강할 수 있도록 하기 위하여 학위 취득을 장려하기 위한 프로그램의 일환으로 제공된다. 기관에 고용된 학생들이 월급을 받으면서 해당 기관에서 실습업무의 일부분을 수행할 수 있도록 하기 위한 특별한 제도이다. 자신이 기관에서 하고 있는 고유 업무를 그대로 인정하는 것이 아니고, 업무내용 중 특정한 부분을 선정하여 실습 지도교수와 상의하여 실습 목표를 세우고, 슈퍼비전을 받으면서 실시한다(이원주 · 우병훈, 2020).

4) 근무지 실습

근무지 실습은 종합사회복지관, 사회복지시설, 행정복지센터 및 병원 등에 종사하는 학생들의 경우 실습이 가능하다. 근무지 실습의 경우 평소 실습생들에게는 허용하지 않는 범위까지 실습 내용에 구체적으로 접근할 수 있으며, 프로그램의 기획 및 실천에 대한 권한을 가지고 있는 경우에 본인의 의욕에 따라 좋은 프로젝트를 시도해 볼 수 있다. 학업열의가 부족한 학생의 경우 형식적인 실습이 되기 쉬운 단점이 있으며, 다른 실습생들과 형평성의 문제가 발생할 우려가 있다. 실습 내용이 한쪽으로 치우치거나 사회복지실습의 핵심에서 다소 벗어날 수 있는 한계성이 있기 때문에 사전에 철저한 실습계획과 슈퍼비전이 요구된다.

근무지 실습의 경우는 다음의 사항을 준수하여야 한다. 첫째, 근무지 내에서 사회복지사업법에서 규정하고 있는 슈퍼바이저를 지정하여야 한다. 둘째, 근무지 내 실습 슈퍼바이저로부터 실습 내용에 대해 개별적인 지도를 받아야 한다. 셋째, 소속대학 실습 지도교수가 책임지도하며, 별도의 실습과제를 수행하도록 한다. 넷째, 학생의 근무부서와 다른 부서의 업무를 경험하도록 권장한다. 다섯째, 실습기관으로부터 실습 내용에 대한 실습평가서를 받아야 한다(이원주 · 우병훈, 2020).

3. 현장실습 준비 : 실습생 프로파일

실습생은 실습기관에서 실습을 수행하기 위해 우선 실습생 프로파일을 작성해야 한다. 실습생 프로파일 서식의 사회복지를 선택한 동기와 자신의 장단점 등을 작성하면서 예비 사회복지사로서의 태도와 자질을 점검하고, 실습의 목표를 설정하면서 효과적인 실습을 맞이하기 위한 준비를 할 수 있다.

실습기관에 지원한 실습생이 많을 경우, 실습기관에서는 1차 서류심사와 2차 면접심사를 통해 지원자를 선발하기도 한다. 실습기관은 서류심사에서 실습생 프로파일을 통해 실습생의 실습 의지와 동기 등을 확인하므로 실습 프로파일의 작성부터 실습이 시작된다고 볼 수 있다.

1) 실습생 프로파일 작성방법

실습과 관련된 서식을 작성할 때는 글씨체와 폰트 등을 통일하여 작성하는 것이 좋다. 깔끔하게 정돈된 서류는 작성자를 신뢰할 수 있도록 만들기 때문이다.

(1) 인적사항

실습생 인적사항에는 정확한 정보를 기입하고, 연락이 가능한 이메일과 휴대폰 번호를 작성하여 기관에서 연락이 원활하게 이루어지도록 한다.

(2) 이수 전공과목

실습희망기관을 섭외하고, 실습생 프로파일을 작성하는 시기는 학기 중이므로, 이수 전공과목은 이수 완료와 현재 이수 중으로 구분하여 체크한다. 실습기관에 따라 반드시 이수해야 하는 과목을 정해 놓기도 한다. 예를 들어, 장애인복지 분야에서는 '장애인복지론'을 이수했는가를 확인하며, 지역사회복지기관에서는 '프로그램 개발과 평가' 과목을 이수했는가를 확인하기도 한다. 교육기관에 따라 실습하기 전에 필수 이수 전공과목을 정해놓기도 하므로, 실습생은 실습하기 전에 필수 이수 과목을 확인하고 실습에 임하도록 한다.

(3) 경력

경력에는 취업했던 이력이나 봉사활동 내용을 작성한다. 경력란은 실습생이 어떠한 경험을 지니고 있는가를 살펴보는 과정이므로, 과장하거나 축소하기보다 정직하게 작성한다. 다양한 사회복지 봉사활동의 경험은 실습을 수행하는 데 큰 도움이 된다. 봉사활동 기관과 일정, 봉사 내용 등을 정확하게 작성하며, 봉사활동을 통해 경험한 내용은 자기소개서나 면접에서 구체적으로 설명할 수 있도록 한다.

(4) 사회복지를 전공하게 된 동기

사회복지를 전공하게 된 동기는 실습생이 사회복지에 관심을 지니게 된 계기나 사회복지학과를 선택하게 된 이유 등을 작성한다. 개인마다 사회복지를 전공하게 된 동기가 다를 수 있으므로 솔직하게 기입한다.

(5) 실습기관 선택 이유

실습생은 지원한 실습 분야의 다양한 기관들을 탐색하면서 왜 이 실습기관을 선택하였는가를 작성한다. 실습기관 홈페이지 등을 방문하여 기관의 특성을 이해하고 관심 있는 사업이나 프로그램 등에 주목하게 되었음을 작성하거나, 실습현장의 전문성과 기술에 대한 배움의 필요성을 담는 것이 좋다.

(6) 실습을 통해서 성취하고자 하는 목표

실습을 통해 성취하고자 하는 목표를 세 가지 정도로 정리하여 작성한다. 실습목표는 구체적이며 측정 가능하고 실습 기간 안에 달성할 수 있는 현실적인 목표로 작성하는 것이 좋다. 실습생이 작성한 실습목표는 기관의 실습계획에 따라 변경될 수 있으므로 슈퍼바이저와 상의하도록 한다.

(7) 실습을 마친 후 목표 달성 정도를 파악할 수 있는 기준

실습목표 측정기준은 제시한 실습목표를 측정할 수 있는 지표를 작성한다. 실습목표가 구체적일수록 목표 달성 정도를 파악하는 지표 제안이 수월할 수 있다.

(8) 사회복지를 실천하는 데 있어 자신의 강점과 약점

사회복지실천에 자신의 강점과 약점을 파악하는 과정은 매우 중요하다. 사회복지학과 수업 참여뿐만 아니라 팀 프로젝트, 봉사활동을 통해 확인된 실습생 자신의 특성 등을 파악해 두는 것이 좋다. 사회복지 지식 및 기술 측면은 전문가로서 필요한 역량과 자질을 중심으로 작성하고, 개인적인 특성 측면은 성격의 장점과 단점을 중심으로 작성한다. 단점을 작성한 뒤에는 어떻게 보완하고 있는가도 함께 기재하도록 한다.

(9) 취미 및 특기

취미와 특기는 실습생 자신의 성향을 반영하여 솔직하게 작성한다. 취미와 특기는 실습하면서 의도하지 않게 활용이 되기도 한다.

(10) 실습기관, 실습지도자 및 실습 지도교수에게 바라는 점

실습을 시작되기 전 실습생들은 긴장을 많이 하며, 실습이 안전하게 마무리되기를 기대하고 있다. 실습에 대한 기대 또는 실습에 임하는 실습생의 자세 등을 기재한다.

2) 실습생 프로파일 사례

실습생 프로파일

1. 인적사항

<table>
<tr><td rowspan="5">(사진)</td><td>실습생명</td><td></td><td>성 별</td><td></td><td>생년월일</td><td></td></tr>
<tr><td>소 속</td><td colspan="5"></td></tr>
<tr><td>주 소</td><td colspan="5"></td></tr>
<tr><td>전화번호</td><td colspan="5"></td></tr>
<tr><td>E-mail</td><td colspan="5"></td></tr>
</table>

2. 이수 전공과목

교과목명	이수 완료	현재 이수	교과목명	이수 완료	현재 이수	교과목명	이수 완료	현재 이수
사회복지학개론	○		인간행동과 사회환경	○		사회복지실천론	○	
사회복지실천기술론	○		지역사회복지론	○		사회복지정책론	○	
사회복지행정론	○		사회복지법제와 실천	○		사회복지조사론	○	
사회복지자료분석론			프로그램개발과 평가	○		가족복지론		
아동복지론			청소년복지론			노인복지론	○	
여성복지론			장애인복지론	○		정신건강론	○	
정신건강사회복지론			의료사회복지론			학교사회복지론	○	
산업복지론			자원봉사론	○		사회문제론		
사회복지역사			사회보장론			교정복지론		
사회복지윤리와 철학			사회복지지도감독론			사회복지현장실습		

3. 경력

구분 (취업, 실습, 봉사)	기관	기간	내용
봉사	&&지역아동센터	21.03.19~21.06.25(40시간)	멘토링 프로그램
봉사	**종합사회복지관	20.09.01~20.11.30(20시간)	아동정신건강을 위한 대학생공익활동

4. 사회복지를 전공하게 된 동기

마음이 힘든 친구들을 곁에서 지켜보면서 어떻게 도움이 될 수 있을까를 생각하게 되었습니다. 그 과정에서 한 사람의 응원과 지지가 큰 힘이 된다는 것을 알게 되었습니다. 이를 계기로 마음이 힘든 사람들을 지원할 수 있는 사회복지에 주목하였고, 사회복지과로 전공 결정을 하였습니다. 다양한 교과목을 배우면서 현재는 아동·청소년의 정신건강 분야에 관심을 지니고 있습니다.

5. 실습기관 선택 이유

다양한 봉사활동을 통해 사회복지의 매력을 경험하였고, 분야론을 배우면서 다양한 대상에게 관심을 가질 수 있었습니다. 특히, 자신의 의견을 드러내지 못하고, 곁에 오는 것을 경계했던 아동이 멘토링 프로그램에 참여하면서 점차 가까워지고, 다양하게 감정을 표현하는 모습을 보면서 진한 감동을 경험한 적이 있습니다. 아동뿐만 아니라 장애인과 노인, 그리고 지역사회 주민을 위한 프로그램들이 체계적으로 운영하고 있는 이 기관에 관심을 가지게 되었습니다. 그중에서 아동·청소년의 정신건강 증진 사업에 개입하여 아동의 긍정적인 변화에 기여하고 싶어 실습기관을 선택하여 지원하게 되었습니다. 이번 실습을 통해 사회복지사로 강점과 약점을 알고 싶고, 현장의 사회복지사 선생님의 피드백을 통해 좀 더 성장할 수 있는 기회라고 생각합니다.

6. 실습을 통해서 성취하고자 하는 목표(구체적으로 작성)

목표 1 : 실습기관의 전반적인 업무에 대한 이해력을 증진시킨다.
① 실습기관이 시행하고 있는 프로그램들에 대해 파악한다.
② 실습기관의 조직 구성원들의 주어진 세분화된 역할을 파악한다.
③ 실습기관의 외부 연계 활동을 파악한다.

목표 2 : CT와 관계형성에 관한 기술을 익힌다.
① CT와의 대화 기술, 라포 형성의 과정을 배운다.
② CT와의 면담에서 일어날 수 있는 예기치 못한 상황에서 대처기술을 습득한다.

목표 3 : 예비사회복지사로서 가치와 태도를 갖춘다.
① 예비사회복지사로서 자신의 가치를 설명할 수 있다.
② 예비사회복지사로서 필요한 태도를 이행한다.

7. 실습을 마친 후 목표달성 정도를 파악할 수 있는 기준(구체적으로 작성)

첫째, 작성한 실습일지와 슈퍼바이저의 피드백을 통해 목표 달성 진행 여부를 파악한다.
둘째, 실습 전 다른 사람과 대화를 나누었던 방식과 실습 후 방식을 스스로 비교해 본다.
셋째, 실습기관의 전반적인 업무를 인지하고 글로 정리해 본다.

8. 사회복지를 실천하는 데 있어 자신의 강점과 약점

1) 사회복지 지식 및 기술의 측면	2) 개인적인 특성 측면
「프로그램 개발과 평가」 과목을 이수하면서 기관에서 진행하고 있는 프로그램의 목적과 성과 목표를 이해하고, 사회조사를 체계적으로 실행할 수 있다는 것이 강점입니다. 또한, 다양한 봉사활동을 통하여 클라이언트의 특성을 이해하고 현장의 역동에 맞춰 대응할 수 있습니다.	성격이 활발하고 모든 일에 긍정적으로 생각하며 임하여 주변 사람들에게 긍정적인 에너지를 전하는 것이 강점입니다. 한편, 사람들 앞에 나서서 이야기하는 것을 두려워하는 편인데, 이러한 약점을 보완하기 위해 동아리 활동에 열심히 참여하면서 의견을 표현하려고 노력하고 있습니다.

9. 취미 및 특기

제 취미는 산책하기입니다. 저는 반려견을 키우고 있는데, 산책을 통해 강아지도 활기를 얻고, 스트레스 해소에 도움이 되어 건강한 시간을 보낼 수 있습니다.
제 특기는 컴퓨터활용능력이 높아서 담고자 하는 내용을 ppt로 잘 표현하며, 다양한 서식을 활용하여 문서를 작성할 수 있습니다.

10. 실습기관, 실습지도자 및 실습 지도교수에게 바라는 점

아직 사회복지에 대해 얼마나 이해하고 있는지 알지 못합니다. 실습을 하면서 부족한 점에 대해 피드백 해주시면, 적극적으로 수용하여 성장하고 싶습니다. 이 기관에서 꼭 실습할 수 있도록 부탁드립니다. 고맙습니다.

CHAPTER 03

사회복지현장실습의 역할과 자세

1. 기관의 역할

사회복지 현장실습은 사회복지시설의 맥락에서 행해지기 때문에 무엇보다 수행기관의 현장실습과 관련된 의지와 제반 여건이 실습의 질에 중요한 영향을 미친다. 실습기관으로 인증받기 위해서는 한국사회복지사협회가 제시하고 있는 사회복지현장실습기관의 현장실습과 관련된 기본적인 요건 및 기준을 갖추어야 한다.

실습기관은 실습지도자를 지정하여 실습학생에 대한 행정적, 교육적 · 임상적, 정서적 · 지지적 슈퍼비전(Kadushin의 슈퍼비전 기능 참고)과 더불어 실습일지 및 각종 기록에 대한 개별적인 슈퍼비전을 제공하여야 한다(한국사회복지교육협의회, 2021).

1) 학생실습에 대한 준비

(1) 기관의 실습규정 마련

(2) 실습 직무분석과 실습지도에 관한 기획

(3) 실습지도를 위한 자격 있는 실습지도자 확보

(4) 실습생 모집 공고 및 실습생 선발

(5) 실습시작 전 실습생 대상 사전 만남 진행

(6) 실습비 공지 및 수령

(7) 실습계약서 작성

2) 현장에서의 실습지도

(1) 실습지도자 지정

실습기관은 자격 있는 실습지도자를 지정하여야 한다. 즉, 사회복지사 1급 자격증을 소지한 자로서 3년 이상 또는 사회복지사 2급 자격증을 소지한 자로서 5년 이상 사회복지사업의 실무 경험을 가지고 있어야 하고, 효과적 슈퍼비전과 전문적 실습교육을 제공할 수 있어야 한다. 실습지도자는 실습학생에 대한 행정적, 교육적 · 임상적, 정서적 · 지지적 슈퍼비전(Kadushin의 슈퍼비전 기능 참고)과 더불어 실습일지 및 각종 기록에 대한 개별적인 슈퍼비전을 제공하여야 한다.

(2) 실습기관 및 실습 내용에 대한 전반적인 오리엔테이션 및 교육 실시

① 실습기관 소개

② 실습의 의미, 의의 및 목표 수립

③ 실습생의 자세 및 태도

④ 사례기록 작성 방법

⑤ 실습일지를 포함한 각종 보고서 작성 방법

(3) 실습과제

실습지도자는 실습생의 예비 사회복지사로서의 역량 강화와 전문성 향상을 위해 실습과제를 부여할 때 다음과 같은 사항을 고려해야 한다.

① 실습과제는 기관의 유형과 특성에 따라 부여

② 학생의 교육수준(학부, 대학원)과 경험(자원봉사 경험, 실습경험, 직장경험 등)에 따라 다양하게 제시할 수 있도록 안내

③ 학생들이 학교에서 배운 사회복지의 전문적 가치 및 윤리, 지식, 그리고 사회복지실천 내용들, 즉 개인개입, 집단개입, 가족개입, 지역사회개입, 거시체계개입 등과 관련된 과제가 포함되도록 함

④ 조사연구기관 및 정책기관(예 국회) 등 전통적인 사회복지기관 외에 다양한 분야의 실습현장에서는 해당 기관의 특성을 반영하되 상기 실습내용 수행에 필요한 정도의 노력을 요하는 사회복지 실습과제를 개발하여 제시

(4) 실습 슈퍼비전

실습지도자는 아래의 내용을 포함한 정기적인 슈퍼비전이 진행될 수 있도록 안내한다.

① 실습일지를 정기적으로 점검하고 피드백 제공

② 실습과정에서 작성하게 되는 사례기록, 집단활동기록, 지역사회분석, 조직분석 등에 대한 슈퍼비전 제공

③ 그 외의 사항에 대해 정기적인 슈퍼비전 시간 가짐

2. 학교(대학)의 역할

사회복지현장실습은 2019년 개정 사회복지사업법 시행규칙에 의거하여 운영되어야 한다. 또한 사회복지교육기관에서는 한국사회복지교육협의회에서 발행한 사회복지교과목지침서의 사회복지현장실습 지침서를 충실하게 준수하는 것이 권장된다. 즉, 대학에서는 사회복지현장실습 오리엔테이션을 비롯한 실습진행 과정, 실습세미나 운영, 실습 지도교수의 자격요건 등 세부 사항을 따를 필요가 있다. 다음에서 실습진행절차, 실습세미나, 실습 지도교수 자격요건 등을 살펴보자.

1) 실습진행절차[1]

(1) 사회복지현장실습 교육계획 수립

사회복지현장실습은 기관실습 실시기관이 매회 가변적이며, 학생의 실습 수요와 지역사회 내 실습 가능한 기관 등이 적절하게 연결되어야 하기 때문에 실습교육과 관련한 계획이 사전에 수립되어 운영될 필요가 있다. 학과 내에 실습위원회를 정식으로 구성하여 사회복지현장실습교육 및 운영에 관하여 논의할 것을 권장하며, 사회복지현장실습 연간 교육계획에 포함할 수 있는 항목은 다음과 같다.

① 사회복지현장실습 수요 조사

실습교육 이수 예정 인원, 희망 분야 등을 사전 조사함으로써 실습교육 배치 기초조사로 활용

② 실습기관 목록 점검

- 선이수 교과목 점검 절차
- 실습 오리엔테이션 시행계획 수립
- 실습 지도교수 선정
- 연간 운영계획 수립 총괄
- 실습 지도교수의 실습지도 분반운영 계획
- 실습세미나 운영계획 수립
- 행정계획 수립-실습 운영 관련 예산 등

(2) 사회복지현장실습에 대한 사전 오리엔테이션

대학은 사회복지현장실습을 희망하는 실습생의 선이수 교과목 이수 상황, 실습 관련 준비상황 등과 같은 기본적 자격요건을 면밀히 점검하여야 하며, 실습기관 선정 및 배치에 관한 절차에 대해 교육하여 실습생이 해당 내용을 파악한 상태에서 실습

---

1 한국사회복지교육협의회 사회복지현장실습 교과목 지침서 참조함

이 이루어질 수 있도록 하여야 한다. 이에 실습 지도교수는 실습 예정인 학생들을 대상으로 사회복지현장실습 교과목 운영에 대한 사전 오리엔테이션을 실시하며, 사회복지현장실습 교과목 실습세미나의 일환으로 다음과 같은 내용으로 진행할 수 있다.

① 사회복지현장실습 교과목 운영 개요에 대한 설명

- 실습오리엔테이션, 실습기관 선정, 실습기관 방문을 포함하며, 기관에서의 현장실습과 학교에서의 실습세미나가 병행 운영됨을 안내
- 동계실습 및 1학기 실습–1학기에 수강신청, 하계실습 및 2학기 실습–2학기에 수강신청

② 선수과목 이수 여부 확인

학생들이 사회복지 기초과목 및 관심 분야 관련 교과목을 이수했는가를 점검

③ 현장실습의 중요성 및 필요성에 대한 교육 및 동기 확인

학생 자신의 진로계획과 실습교육의 관련성을 고민하고 탐구

④ 현장실습에 임하는 실습생에게 요구되는 자세 및 권리보호, 문제상황 시 대처 안내, 실습기간 중 준수하여야 할 의무와 책임, 권한과 역할의 한계, 실습생으로서의 윤리, 부당한 요구 혹은 권익침해 상황 발생 시 대처방법 등

⑤ 실습기관 선정 과정에 대한 안내 및 추후일정 공지

실습 슈퍼바이저, 실습기관, 공문의뢰 절차, 기관선정 방법 등

⑥ 필요서류 구비 여부에 대한 확인

실습신청서, 실습생 프로파일, 이력서, 자기소개서 등

⑦ 실습희망기관 파악

실습생이 희망하는 사회복지 분야 및 현장을 파악

⑧ 기타

개별 대학의 교육과정 특성 및 학생들의 욕구에 따라 필요시 실천 관련 워크숍 운영 등, 프로그램 개발과 평가 및 사례관리 등의 선택 교과목이 개설되지 않는 경우 관련 워크숍, 실습일지 작성 및 평가 기록 작성법 등에 대한 사전교육을 제공

(3) 실습희망기관에 대한 정보 제공 및 실습기관 선정

① 실습희망기관에 대한 정보 제공

실습희망기관에 대한 충분한 사전 이해는 실습생이 실습기관을 선택하는 데 있어 가장 중요한 요소이다. 한국사회복지사협회 자격관리센터에 공지되어 있는 '보건복지부장관 선정기관실습 실시기관' 정보를 중심으로 실습희망기관을 선정하되, 실습지도교수 및 실습담당 조교, 선배들 그리고 기관 홈페이지를 통해 해당 기관에 대한 충분한 정보를 수집하도록 지도한다. 또한 대학에서 사전에 접촉하여 개발한 실습기관에 관한 세부 정보(실습기관 소개 파일)를 학생들에게 제공하여 학생들이 실습희망기관을 정하는 데 도움이 되도록 한다.

② 실습기관 선정

실습생의 실습기관 선정 및 배치의 방식은 다음과 같이 대학 주도의 실습기관 선정, 실습희망자 주도의 실습기관 선정의 두 가지 형태로 운영될 수 있다.

㉠ 대학 주도의 실습기관 선정

대학과 협약된 실습기관에 실습생을 배치할 때 다음의 사항을 유념해야 한다.

첫째, 실습 희망자가 해당 실습기관에서 실습을 수행하는 데 적절한지에 대해 종합적으로 평가하여 배정 여부를 결정한다.

둘째, 실습기관 배치 시 대학에서는 실습 희망자의 진로 및 적성을 우선적으로 고려하여 배치함으로써 학습자의 학습요구를 최대한 존중하여야 한다.

셋째, 실습 희망자가 원하는 분야의 실습기관이 부족하여 학습자의 학습기회가 제한되지 않도록 대학에서는 최선의 노력을 기울여야 한다.

㉡ 실습희망자 주도의 실습기관 선정

실습희망자가 자율적으로 실습기관을 선정하여 지원하더라도 대학에서는 실습기관이 기관실습에 적합한 요건을 갖추었는지 이중으로 점검하여 학습자가 불이익을 당하지 않도록 노력하여야 한다.

이때 대학에서는 실습희망자가 자신의 진로와 적성을 고려하여 실습기관에 지원할 수 있도록 충분한 정보를 제공하여야 한다.

실습기관을 지원하는 데 어려움을 겪는 학습자에 대해서는 대학 및 교육기관에서 지원방안을 마련하여야 한다.

대학에서는 실습 지도교수가 사회복지현장실습의 전 과정을 지도하기 위해 실습기관 및 실습지도자와 긴밀한 관계를 유지하는 것이 좋다.

실습기관 선정과정에서 실습 지도교수는 실습담당조교와 함께 학생들이 희망하는 실습기관 목록을 취합하여 해당 기관들에 실습의뢰 공문을 발송해야 하며, 실습 진행 여부가 확정되면 학생들에게 통보한다.

해당 학생은 실습 예정기관에 사전방문 또는 유선접촉을 통해 기관의 실습교육 관련 지침과 계획(실습비 금액 및 납부방법, 실습인원, 기자재 사용규정, 사전준비사항, 실습 일정 및 내용) 등을 확인한 뒤 실습을 준비한다.

(4) 실습기관별 실습학생 확정 및 통보

대학의 실습 지도교수는 실습담당 조교와 함께 실습기관에 실습이 확정된 학생명단을 공문으로 발송하고, 실습과정에 필요한 협조를 구한 뒤 현장실습과 관련된 준비를 완료한다.

(5) 학생별 실습목표 수립

실습기관이 확정된 후, 학생은 현장실습 관련 문서를 준비한다. 현장실습 관련 문서에는 실습생 프로파일, 자기소개서, 이력서, 실습계획서, 실습평가서 등이 포함된다. 실습계획서 작성 시 학생은 스스로 실습목표를 수립하도록 한다. 실습목표는 실습의 필수 내용과 학생이 희망하는 실습내용을 고려하고 실습기관의 특성과 상황을 반영하여 수립하며 실습 지도교수의 지도감독을 받아 수정 · 보완한다. 실습 지도교수는 학생이 실습을 통해 배우고 싶은 것을 명확히 표현, 기술하도록 지도한다.

(6) 현장실습 관련 사전교육

실습에 대한 모든 준비가 완료되었으면, 실습 지도교수는 현장실습의 목표와 의의, 실습생으로의 바람직한 자세와 태도, 권리보호 및 문제상황 시 대처, 실습기관에서 작성해야 하는 실습일지, 사례기록, 기타 문서 작성에 대한 사전교육을 한다. 또한 실습생 프로파일 등 실습생이 개인적으로 준비해야 할 서류 준비상황 및 내용을 점검하여 학생들이 미리 준비된 상태에서 실습에 임하도록 한다.

사전교육 과정은 사회복지현장실습 교과목 실습세미나의 일환으로 사회복지현장실습 교과목 운영에 대한 사전 오리엔테이션 등을 통하여 연속성 있게 진행될 수 있다.

2) 실습 지도교수의 자격요건

대학에서의 실습 지도교수는 2020년부터 시행된 개정 사회복지사업법 시행규칙에 의거하여 학사, 석사 또는 박사 학위 중 2개 이상의 학위를 사회복지학 전공으로 취득한 사람으로서 3년 이상의 사회복지학 교육경험 또는 3년 이상의 사회복지사업 실무경험이 있는 교수가 지도하여야 한다.[2] 그 외 교육과정 중 최소 한 학기 이상 실습경험이 있거나, 사회복지기관에서 1년 이상 근무하면서 슈퍼비전을 제공했던 경험이 있는 자, 실무경험이 풍부한 전임교수가 실습지도를 담당하는 것을 권장하고 있다(한국사회복지교육협의회, 2020).

3) 대학에서의 실습세미나

실습세미나는 기본적으로 대학에서 수업의 한 형태로 진행된다. 각 대학의 교육과정 특성에 따라 사회복지현장실습 교과목(3학점)의 수업을 실습세미나로 운영하거

---

2 사회복지사업법 시행규칙 제3조 [별표 1] 제2호 나항에 의거한 사항임.

나, 기관실습과 실습세미나를 각 3학점의 교과목으로 개설하여 사회복지현장실습 교과목과 실습세미나 교과목을 이수한 것으로 운영할 수 있다.

(1) 실습기관 접촉 및 실습상황 검토

대학의 실습 지도교수는 아래의 목적을 위해 최소 1회 이상 실습기관에 대한 방문(학과 방침에 따라 학과 교수의 실습기관 방문도 가능)과 더불어 유무선의 접촉을 통해 실습지도자와 유기적인 교류를 하며, 실습기관과 긴밀한 관계를 유지한다.

① 실습지도자와 학생별 실습목표를 협의하기 위해
② 학생의 실습목표 성취 정도와 실습 상황을 검토하기 위해
③ 실습 관련 문제 발생을 예방하거나 문제 상황을 중재하기 위해

(2) 실습보고서 지도를 통한 슈퍼비전 제공

① 실습보고서 제출

실습생은 실습일지, 사례기록, 집단지도 보고서 등 각종 보고서를 작성하여 실습기관 실습지도자의 확인을 받은 후 대학의 실습 지도교수에게 제출한다.

② 실습 지도교수의 슈퍼비전

실습 지도교수는 실습보고서를 기반으로 해당학생과 개별 또는 집단 면담을 통해 슈퍼비전을 제공한다. 실습 시 문제 상황이 발생하거나 학생에 대한 옹호가 필요할 경우, 실습지도자와 협의하여 문제점을 해결한다.

③ 실습 내용과 관련된 참고문헌을 소개하여 학생 스스로 활용할 수 있도록 한다.

(3) 실습세미나 수업을 통한 슈퍼비전 제공

① 실습과정에서 드러난 학생의 강점과 약점을 점검하고, 사회복지사로서의 역량을 강화할 수 있도록 지도한다.
② 현장에서의 경험, 즉 사회복지 실천방법 및 기술을 정리하여 학교에서 배운

지식과 통합할 수 있도록 지도한다.

③ 실습현장에서 직·간접적으로 경험한 사회복지실천 과정이 다양한 클라이언트체계에 미치는 영향에 대해 탐색하도록 지도한다.

④ 사회복지조직으로서의 실습기관의 조직, 정책, 행정적 절차 및 기능과 역할에 대해 이해하도록 지도한다.

⑤ 기관이 속한 지역사회 욕구를 파악하고 이를 기반으로 서비스를 수행하고 있는가에 대해 분석, 평가할 수 있도록 지도하며 지역사회기관 간의 연계활동에 대해 이해할 수 있도록 지도한다.

⑥ 실습 내용을 사회복지정책, 사회복지법규 및 제도와 연계하여 이해하도록 지도한다.

⑦ 사회복지실천현장에서 직면하는 윤리적 딜레마에 대한 토의를 통해 대안을 도출할 수 있도록 지도한다.

⑧ 사회복지사로서의 전문적 자아 인식 및 전문적 정체성을 수립할 수 있도록 지도한다.

⑨ 실습생이 자신의 실습과정에 대한 자기반성적 고찰을 통해 반영적 실천을 경험하도록 지도한다.

3. 실습생의 역할과 자세

2020년 한국사회복지교육협의회의 현장실습 교과목 지침에 의하면 사회복지현장실습생의 역할과 자세에 대하여 다음과 같이 제시하고 있다.

1) 실습생의 역할

(1) 실습 사전 준비

① 평소 관심 있는 사회복지 분야를 탐색한다.

② 자원봉사활동, 선배들의 실습 보고자료 등을 참고하여 자신이 원하는 실습기관을 선정한다.

③ 실습생 프로파일 작성과 실습지원 기관의 면접을 준비한다.
④ 기관 실습지도자와 사전 면담 시 실습목표와 자신이 관심 있는 실습활동, 실습을 통해 바라는 점 등을 명확하게 전달한다.
⑤ 실습 시작 전에 반드시 학교와 실습 지도교수에게 정확한 실습일정을 보고한다.

(2) 실습 진행 중 할 일

실습생은 배우는 자세로 정해진 실습활동과 실습과제를 성실하게 수행해야 한다. 실습 중 해야 할 일은 다음과 같다.

① 실습지도자의 슈퍼비전을 받기 위해 실습일지 등을 꼼꼼하게 준비
② 궁금한 점이나 상의하고 싶은 사항들은 미리 적어두고 실습지도 시간을 이용하여 해결할 수 있도록 함
③ 실습일지 등 실습과제 기록과 제출
④ 클라이언트체계의 욕구와 어려움 확인, 정보수집 및 사정, 개입계획 수립 및 실행, 그리고 평가의 전 과정을 수행
⑤ 사회복지시설 및 조직의 사명, 관련 정책 및 행정을 이해하고 이를 실천에 적용
⑥ 실습 중 문제 상황 발생 시 실습지도자와 개별 면담하여 해결하도록 노력하고 결근, 실습 중단과 같은 극단적인 상황을 예방
⑦ 위와 같이 대처하더라도 문제 상황이 해결되지 않는다면 실습 지도교수에게 알리고 상담을 통해 실습 진행에 문제가 발생하지 않도록 해야 함

(3) 실습 종료 후 할 일

실습생에게는 현장실습일지, 사례기록, 과정기록, 기관분석보고서, 중간평가서, 최종평가서 등 실습활동과 관련된 다양한 과제물을 제출해야 하는 책임이 있다.

학교에서의 실습세미나에 출석하여 자신의 실습활동과 경험을 발표하고 다른 실습생들과 공유하고 토론하면서 실습에 대해 성찰하는 시간을 가진다.

2) 실습생의 자세

(1) 현장실습의 중요성과 실습목표를 충분히 이해하고 실습과정 수행을 위해 성실성을 갖고 임한다.

(2) 사회복지현장에서 예비 사회복지사로서 사회복지 가치 및 윤리강령, 지식 및 기술을 구체적으로 적용하는 과정이라고 생각하고 이에 최선을 다한다.

(3) 기관 실습지도자를 비롯하여 직원들과 좋은 관계 형성을 위해 노력한다.

(4) 실습기관에서 만나게 되는 다른 실습생들과 협력하며 친화적인 태도를 취한다.

(5) 근무시간은 기관의 규정을 준수하고 직원과 동일한 책임감을 갖고 근무시간에 임하도록 한다.

(6) 실습시작 최소 10분 전에 출근하여 출근부에 서명하고 업무에 관계된 사항을 사전에 준비하도록 한다.

(7) 결근, 조퇴, 지각 등 근무태도에 관한 사항은 반드시 실습지도자에게 사전 보고하고 허락을 받도록 한다.

(8) 기관의 직원, 클라이언트에 대해 예의를 지킨다.

(9) 실습과정 중에 알게 된 클라이언트의 사적 정보에 대해서는 교육목적(대학실습지도 등) 이외에는 발설해서는 안 된다. 교육목적이라 하더라도 가명을 사용하여 개인정보를 보호해야 한다.

(10) 옷차림과 가방 등 소지품은 실습기관의 특성과 상황에 맞게 착용하되 청결하고 단정한 편이 좋다.

(11) 안전사고에 유의하고, 안전사고에 관련된 기관의 규정을 숙지하여야 한다.

(12) 실습일지 등 각종 실습기록은 사실에 근거하여 간명하고 정확하게 정리하여 제출하고 실습지도자와 실습 지도교수의 슈퍼비전을 받도록 한다.

(13) 실습과정 중 어떤 경우라도 사례금 등의 금품을 절대로 주거나 받지 않는다.

(14) 과제물은 반드시 정해진 기일에 제출한다. 기관의 명칭을 사적으로 활용하지 않으며 실습생의 본분에 맞게 행동한다.

CHAPTER 04

사회복지현장실습 진행과정

1. 준비단계

실습을 지도할 슈퍼바이저가 확정되고 실습에 필요한 각종 행정사항을 확인하는 단계이다. 기관 슈퍼바이저 및 동료 실습생과의 관계형성, 실습기관과 실습에 대한 이해, 자신의 실습목표 확인 등이 이루어지고 실습기관과 실습계약을 맺는다. 준비단계에는 자신의 준비 정도를 점검 및 보완하며, 실습관련 양식들을 취합하여 준비한다. 동료 실습생 및 슈퍼바이저와의 관계를 형성하는 오리엔테이션 등에 참여하고 실습기관과 실습계약서를 작성하며, 실습일정을 파악한다.

2. 초기단계

실습생에 대한 교육적 사정과 기본적인 교육이 이루어지는 단계이다. 실습생이 제출한 개인적인 정보 외에도 개별면담을 통해서 실습생의 경험, 지식 정도, 관심사, 학습동기 등을 조사하며 이를 바탕으로 실습계약을 맺는다. 기본적인 사회생활에 대한 학습이 충분하게 이루어져야 하며 현재의 복지제도와 정책 및 변화의 방향에 대하여도 학습이 이루어져야 한다. 실습지 주변 환경과 자원은 물론, 해당 지역사회의 구성원에 대한 이해도 필요하다.

초기단계는 관계 형성이 이루어지는 단계이다. 동료 실습생과 긍정적이고 원만한 협력 관계를 통해 사회생활, 직장생활에 대한 준비를 한다. 기관의 사회복지사들과의 유대관계를 통하여 인적, 사회적 자원을 연계할 수 있다. 클라이언트와의 알맞은 거리 유지도 학습한다.

또한, 실습계약서를 작성하는 단계이기도 하다. 실습계약서는 구체성, 업무수행 실적, 참여, 현실성, 관찰 가능성을 갖출 필요가 있다. 실습생과 슈퍼바이저가 함께 작성하는 실습계약서는 실습에 관련된 주요 학습 내용을 명확히 제시하고 실습교육의 효과성 평가를 위한 근거를 정한다. 이때 실습생에게 업무가 할당되기도 한다. 실습생에게 주어지는 업무는 서류철 및 각종 서식 정리, 전화 받기 등 비교적 간단한 업무에서부터 개별 사례관리와 집단 프로그램의 운영 및 관리 등 보다 전문적인 기술이 요구되는 업무에 이르기까지 다양한 영역을 포함한다.

실습기록을 하는 이유는 사회복지실천 활동을 문서화하는 것이기도 하다. 실천활동에 대한 점검(효과적인 서비스를 위한 모니터)을 하고, 사례의 지속성을 유지하며, 슈퍼비전과 전문가들 간에 의사소통을 활성화하고, 클라이언트와 정보를 공유하며, 행정적 자료를 갖추고 조사연구를 위한 정보를 제공하기 위함이다.

실습일지를 작성하는 것은 실습생의 활동에 대해 분석하고 평가하여 이후 실습내용을 보완하기 위함이다. 실습목표 달성을 위해 앞으로 해야 할 구체적인 노력이 무엇인지 확인하고, 슈퍼바이저에게 실습활동을 점검하고 적절한 슈퍼비전을 주는 근거를 찾으며 실습 내용뿐만 아니라 기관이나 사업에 대해 분석·평가하여 기관 운영에 간접적으로 기여한다.

실습기간 중 지역사회를 조사하거나 타 기관을 방문하는 경우나 지역사회 조사를 다녀온 후 지역사회 지도를 그릴 수 있는 역량을 갖추는 것이 좋다. 타 기관을 방문할 때 주의해야 할 점에 대하여 알아야 한다.

1) 업무 점검

자신에게 주어진 업무 배당의 적절성을 알고 업무 수행의 효율성을 파악하며, 업무수행 정도를 이해한다. 실습생에게 주로 배당되는 업무로는 비공식적 클라이언트관리, 실습기관의 서류철 및 각종 서식 정리 등 비교적 간단한 업무를 비롯하여 집단 프로그램 기획 및 운영, 사례관리 등 다양하다.

2) 정기적 슈퍼비전

실습생은 정기적으로 슈퍼비전을 제공받아야 한다. 실습기간 동안 슈퍼비전을 제대로 받지 못한다면 전문적인 사회복지사가 될 수 없다. 정기적 슈퍼비전의 제공을 위해 실습계약서에는 제공 형식과 일자가 명시되어야 한다.

3) 중간평가

실습의 중간 시기에 실습 전반에 관한 실습 중간 평가회를 공식적으로 실시한다.

4) 보충교육

학교에서 배운 것 이외에 현장에서 유용하게 활용될 사항에 대하여 교육을 실시한다. 주로 지역사회복지 전반과 해당 복지기관이 주력하는 각 분야에 대한 교육이 이루어진다. 지역사회복지 및 각 분야에 대한 이해, 기관방문과 가정방문, 위기개입 등을 배운다.

3. 종결 및 평가단계

슈퍼바이저와 실습생은 실습을 통해서 수행한 업무와 지식 및 기술 향상에 대해서 논의하고 이것이 어떻게 이루어졌는가를 분명히 정리해야 한다. 슈퍼바이저는 실습생의 장래를 위한 준비와 관련된 슈퍼비전을 주어야 한다. 실습평가는 단순히 실습평가서만을 작성하는 수준이 아니라 실습생과 슈퍼바이저, 부서 차원, 기관 차원 등에서 공식적으로 이루어져야 한다.

실습평가 때는 실습생들의 업무와 학습에 초점을 두고 평가를 해야 하고 실습지도에 대한 실습생의 피드백을 수렴해야 한다.

각 학교에 실습생에 대한 평가서를 발송하고 실습지도와 관련된 피드백이나 건의사항을 전달하는 행정처리를 해야 하며, 행정처리 이후에는 슈퍼바이저들 간 평가회의를 통해 슈퍼바이저로서의 역할수행에 대한 보고와 평가, 피드백의 시간을 갖고 상위 슈퍼바이저에게 슈퍼비전을 받아야 한다.

프로그램 및 사례 평가를 과학적으로 실시해야 한다. 프로그램평가서를 작성하는 과정은 프로그램 실행 못지않게 중요한 부분이다. 실습생들은 이전의 계획 단계에서 다면 평가 설계를 통해 실행된 프로그램 성과에 대해 보고서로 명확하게 표현할 수 있어야 하며 작성 후에도 슈퍼비전을 통해 보완 · 수정해야 한다. 평가서 작성 이후에는 평가를 위해 확보하였던 모든 평가자료를 공식적으로 기관에 이양하고 이 평가자료는 꼭 보관이 되어야 한다.

자신의 실습이 객관적으로 평가되도록 노력해야 한다. 실습평가는 원칙적으로 상호 합의의 과정을 거친다. 실습생과 슈퍼바이저가 각각 자신과 실습생의 실습에 대해 평가 점수를 부여하고 함께 모여 합의점을 찾게 된다. 상호 합의의 과정을 통해 실습생은 자신의 실습 수행에 대한 피드백을 얻을 수 있고 반대로 자신의 수행에 대해 슈퍼바이저에게 명확하게 설명할 수 있는 기회도 얻을 수 있다. 개별 면담을 통해 업무수행에 관련된 평가 외에 미래의 사회복지사로서 실습생 자신의 강점과 약점에 대해 피드백을 받는 것도 중요하다.

실습보고회를 준비해야 한다. 실습보고회는 실습을 종결하는 시점에서 실습생들이 미래의 사회복지사로서 용기와 비전을 가질 수 있도록 지지하고 격려하는 차원의 의식을 경험하도록 하기 위해서 실시한다. 일반적인 실습보고회에서 이루어지는 내용은 다음과 같다.

실습생 경과보고 → 슈퍼바이저 대표 인사 → 실습생 보고 및 발표(부서, 팀, 조) → 실습생 인사 → 기관에 대한 제언과 건의 → 총평(기관장 또는 실습 지도교수) → 기념 촬영 및 다과회

실습생도 실습기관 및 슈퍼바이저에 대하여 피드백을 주어야 한다. 각 기관에서는 실습지도 프로그램을 지속적으로 보완하기 위해서 실습생들이 전체적인 실습지

도에 대한 평가를 실시한다. 실습평가는 중간 평가와 종합 평가를 보완하고 실질적인 만족도를 평가하기 위한 자료로서 실습평가 설문지를 제작하여 활용한다. 더 좋은 실습교육을 위한 기관의 노력에 동참한다. 기관에서는 실습 종결 후 일주일 이내에 실시하게 되는 실습지도 평가회의를 실시한다.

실습지도 평가회의는 실습에 관한 정책과 방향성을 결정하는 자리이다. 참석 대상은 관장, 당 학기 슈퍼바이저, 슈퍼바이저(실습지도자)의 관내 슈퍼바이저, 그리고 실습 행정담당자 등이다. 슈퍼바이저는 실습지도평가서를 작성하고 이와 더불어 실습생들이 작성한 종합평가서 요약과 실습평가 설문 결과를 준비해야 한다. 실습지도 과정에 필요하다고 생각되는 부분과 실습생들의 의견을 수렴하여 보다 발전된 실습체계를 개발하는 것이 바람직하다.

4. 사회복지현장실습의 지도 내용

〈표 4-1〉 사회복지현장실습 운영에 관한 고시에 따라 의무적으로 실시해야 할 실습 내용

- 기관, 지역사회, 클라이언트에 대한 이해
- 기관과 관련된 정책 및 제도(지침), 자원 네트워킹에 대한 이해
- 기관의 사회복지실천(또는 정책 및 행정 분야)에 대한 직·간접적인 경험
- 기관의 행정 및 기록에 관한 교육
- 사회복지사로서의 윤리적 실천 및 가치, 안전지침에 대한 교육
- 실습 내용에 대한 피드백 및 정기적인 슈퍼비전 제공, 실습 중간평가 진행 및 평가 내용의 반영, 종결평가 진행 및 실습평가서 작성

사회복지현장실습은 전문직업인으로서 지식과 기술을 개발하여 이론을 실천에 적용한 중요한 과정으로 의도적이고 계획적으로 교육이 이루어져야 한다. 사회복지실천에 관한 이론과 지식을 기초로 실습지에서 직접 서비스를 담당해 본다. 사회복지이론의 적용 가능성을 스스로 검토, 평가해 보는 기회를 가지면서 전문가로서의 기초 실무를 갖추는 것이다. 실습 내용들은 전문직의 사명감을 갖춘 사회복지사를

양성하는 내용으로 구성되어야 한다. 사회복지현장실습은 전문직업인으로서 지식과 기술을 개발하여 이론을 실천에 적용한 중요한 과정으로 의도적이고 계획적으로 교육이 이루어진다. 실습기관에서는 복지전문가로서 능력을 발휘할 수 있도록 실습 내용을 마련해야 한다. 이에 필요한 실습 내용을 행정적 · 교육적 · 지지적 실습 내용과 함께 기획 및 평가형 실습, 생활형 실습, 케이스 담당형 실습에서 경험할 수 있다.

1) 행정적 실습

업무처리능력을 향상시키기 위해 기관 사명의 이해가 필요하다. 시설의 역사, 목적, 규칙, 정책들을 비롯하여 복지행정실무를 경험하는 것으로 기관 구조를 파악하며 사업계획서 작성 및 예산수립과 각종 문서수발 등 행정실무, 클라이언트 대상, 각종 구비서류 작성법 등을 익힌다. 비품, 소모품 관리대장 및 각종 일지, 원생 입 · 퇴소 행정절자 및 관계서류를 작성하면서 기록 관리 및 기록 활동을 한다. 시설 인 · 허가 서류 및 절차에 대해 확인한다. 각 기관의 고유한 사업과 관련된 행정적인 업무에 대해 실습한다.

2) 교육적 실습

실습에 관련된 이론을 재교육하는 것을 말한다. 실습지도자 및 기관 직원의 강의를 통하여 진행된다. 실습 분야와 관련된 기초적 이론을 학습한다. 해당 분야 관계 법규 및 운영 지침과 당해연도 변경된 법 규정, 사업 내용에 대해 학습한다. 각 지자체의 사회복지정책과 지역사회를 이해할 수 있도록 해야 한다. 상담이론과 생활지도방법, 자원동원과 사회복지관 사업, 개별 지도방안을 연구하고 사례관리의 이론과 실제적 기술을 습득한다. 집단활동과 프로그램 개발 방법에 대해 익힌다.

3) 지지적 실습

실습지도자와의 관계를 통한 경험을 말한다. 실습생은 긴장, 불안, 스트레스에 대한 심리적 원조를 받으며 지지적이고 이해심 많은 사회복지사의 모델을 경험한다.

실습생의 실수로 인하여 시설에 피해를 주거나, 클라이언트에게 손상을 끼치지 않을까 하는 심리적 부담을 갖는 경우가 있고, 장기간 실습으로 인한 태만과 의욕 상실, 경험 부족에 따른 자신감 결여 등이 나타날 수 있다. 실습지도자는 실습생의 의사를 수렴할 수 있는 창구를 마련하여 긴장과 갈등을 해소해야 한다. 실습생의 의견을 존중하여 실습 일정에 반영시키면서 확실한 목적 의식을 심어줄 수 있는 기회를 제공해야 한다.

4) 기획 및 평가형 실습

별도로 분리된 영역이기보다는 프로그램 개발 및 진행 과정에서 수행된다. 지역사회주민의 욕구조사를 기획한다. 타 기관 사회복지 프로그램 조사, 분석 및 문헌조사를 수행한다. 프로포절 작성 및 신청, 프로그램 전개 및 중간평가, 총괄평가, 효과분석 등에 참여한다. 기관조직, 지역사회에 대한 지식에 근거하여 업무수행능력을 평가한다. 클라이언트와의 전문적 관계 수립과 유지능력 평가, 사회조사, 진단, 치료, 면접, 기록 등에 관한 평가를 한다. 각 업무 분야별, 영역별 평가문안을 검토하고 제작한다. 클라이언트 발달과 기능 향상에 관한 점검표를 제작 · 활용한다.

5) 생활형 실습

시설에서 실습할 때 적용되는 것으로, 시설내 거주인들과 함께 지내면서 시설의 생활리듬을 이해하고 직원의 업무내용 및 시설운영의 실태와 기능을 파악한다. 각 시간별 상황, 지도내용과 서비스 과정을 체계적으로 이해하고, 시설 종사자로서 갖추어야 할 자세와 재활치료 및 실제 대상자들을 케어하는 기술을 습득한다.

6) 케이스 담당형 실습

클라이언트의 문제를 종합적으로 이해하기 위하여 원인을 분석하고 해결방안을 모색하면서 자립 계획을 수립해야 한다. 대인관계 의사소통, 상담 기술 등을 익혀야 한다. 사례에 대해서 생태체계적 관점에서 신체적 · 심리적 · 의료적 문제를 검토하고 사정한다. 개인, 가족, 지역사회에 대한 개입 계획을 세운다. 상담, 교육, 훈련 등을 통한 직접적인 개입을 하여 변화를 도출한다. 실습생들에게는 접수부터 종결까지의 과정이 모두 맡겨지기보다는 초기 접수나 사정을 할 수 있는 기회가 부여되는 경우가 많다. 실습생들은 실습 내용을 종합적으로 경험하기도 하나 일부분만 제한적으로 경험하는 경우가 더 많다. 실습생들의 체계적인 실습을 위해서는 실습 시작 전 기관의 선택이 중요하다.

PART 02

사회복지현장실습 분야

CHAPTER 05

아동복지 분야 실습

1. 아동복지에 대한 이해

1) 아동의 개념

아동은 영유아, 유아, 소년, 연소자, 청소년, 미성년자 등 다양한 용어로 지칭된다. 「UN 아동권리에 관한 국제협약」에서는 아동을 "18세 미만의 자"로 정의하며, 아동은 성인과 다른 특별한 이해와 권리를 가지며 특별한 보호를 필요로 하는 자로 규정하고 있다.

2) 아동복지의 개념

우리나라 아동복지법에서는 아동복지를 "아동이 행복한 삶을 누릴 수 있는 기본적인 여건을 조성하고 조화롭게 성장·발달할 수 있도록 하기 위한 경제적·사회적·정서적 지원"으로 정의하고 있다.

다시 말해 아동복지는 모든 아동과 그들 가족의 행복을 위해 아동의 신체적·사회적·심리적 발달을 보호하고 촉진하고자 경제·교육·보건·노동 등 아동을 둘러싼 사회체계를 개선하려는 총체적이고 사회적인 노력으로 정의할 수 있다(김성경·김혜영, 2021).

3) 아동복지의 의의

아동복지의 의의는 첫째, 아동이 권리와 행복한 삶을 누릴 수 있도록 하는 것에 있다. 둘째, 국가와 사회의 미래 인력을 보호 · 육성하는 것에 있다. 셋째, 사회문제를 미연에 예방하는 것에 있다. 즉, 아동은 의존적 상태에 놓여있기 때문에 스스로 자신의 욕구를 충족시키기에는 한계가 따른다. 따라서 아동복지서비스를 통해 아동의 신체적, 정서적, 사회적, 문화적 욕구를 충족시켜 건전한 성장을 촉진해야 한다.

2. 아동복지시설의 종류 및 현황

아동복지시설은 아동, 청소년이 건강하고 행복하게 자랄 수 있도록 복지서비스를 제공하는 시설을 말한다. 아동복지시설의 종류는 아동복지법 제52조에 따라 다음의 종류로 구성되어 있다.

아동복지시설은 크게 생활시설(아동양육시설, 공동생활가정, 아동일시보호시설, 아동보호치료시설, 자립지원시설)과 이용시설(아동상담소, 아동전용시설, 지역아동센터)로 구분할 수 있다.

〈표 5-1〉 아동복지시설 종류

종 류	시 설	설치 목적
아동복지시설	아동양육시설	보호를 필요로 하는 아동을 입소시켜 보호 · 양육하는 것을 목적으로 하는 시설
	아동일시보호시설	보호를 필요로 하는 아동을 일시보호하고 아동에 대한 향후의 양육대책 수립 및 보호조치를 행하는 것을 목적으로 하는 시설
	아동보호치료시설	• 불량행위를 하거나 불량행위를 할 우려가 있는 아동으로서 보호자가 없거나 친권자나 후견인이 입소를 신청한 아동 또는 가정법원, 지방법원소년부지원에서 보호위탁된 아동을 입소시켜 그들을 선도하여 건전한 사회인으로 육성하는 것을 목적으로 하는 시설 • 정서적 · 행동적 장애로 인하여 어려움을 겪고 있는 아동 또는 학대로 인하여 부모로부터 일시 격리되어 치료받을 필요가 있는 아동을 보호 · 치료하는 시설

자립지원시설	아동복지시설에서 퇴소한 자에게 취업준비기간 또는 취업 후 일정 기간 보호함으로써 자립을 지원하는 것을 목적으로 하는 시설
아동상담소	아동과 그 가족의 문제에 관한 상담, 치료, 예방 및 연구 등을 목적으로 하는 시설
공동생활가정	보호를 필요로 하는 아동에게 가정과 같은 주거여건과 보호를 제공하는 것을 목적으로 하는 시설
아동전용시설	어린이공원, 어린이놀이터, 아동회관, 체육 · 연극 · 영화 · 과학실험전시시설, 아동휴게숙박시설, 야영장 등 아동에게 건전한 놀이 · 오락, 기타 각종 편의를 제공하여 심신의 건강유지와 복지증진에 필요한 서비스를 제공하는 것을 목적으로 하는 시설
아동복지관	지역사회 아동의 건전한 육성을 위하여 심신의 건강유지와 복지증진에 필요한 서비스를 제공하는 것을 목적으로 하는 시설
지역아동센터	지역사회 아동의 보호 · 교육, 건전한 놀이와 오락의 제공, 보호자와 지역사회의 연계 등 아동의 건전한 육성을 위하여 종합적인 아동복지서비스를 제공하는 시설
아동보호전문기관	아동학대 신고접수, 현장조사, 전화상담, 치료서비스, 아동학대예방활동 등을 전담하는 시설
가정위탁지원센터	보호가 필요한 아동을 위탁가정에 배치하고 전문화된 협력기관의 연계를 통해 아동 및 위탁부모에게 상담, 치료, 교육 등 종합적 서비스를 제공하여 아동이 건강하고 안전하게 성장하여 친가정으로 돌아갈 수 있도록 지원하는 시설
아동권리 보장원	아동정책에 대한 종합적인 수행과 아동복지 관련 사업의 효과적인 추진을 위하여 필요한 정책의 수립을 지원하고 사업평가 등의 업무를 수행
자립지원전담기관	지역과 보호체계별 편차 없이 자립지원 서비스를 제공하기 위해 자립지원 전담인력 관리, 자립준비청년 사후관리 및 자립지원 통합서비스 운영, 보호대상아동 자립지원업무 지원, 공공·민간 네트워크 구축 및 홍보 등을 하는 기관

출처 : 아동복지법(2021. 12. 21).

1) 아동양육시설

아동양육시설은 보호대상아동을 입소시켜 보호 · 양육하는 것을 목적으로 하는 시설을 말한다.

2) 아동일시보호시설

보호를 필요로 하는 아동을 일시보호하고 아동에 대한 향후의 양육대책 수립 및 보호조치를 행하는 것을 목적으로 하는 시설이다.

3) 아동보호치료시설

불량행위를 하거나 불량행위를 할 우려가 있는 아동으로서 보호자가 없거나 친권자나 후견인이 입소를 신청한 아동 또는 가정법원, 지방법원소년부지원에서 보호위탁된 아동을 입소시켜 그들을 선도하여 건전한 사회인으로 육성하는 것을 목적으로 하는 시설이다. 또한 정서적 · 행동적 장애로 인하여 어려움을 겪고 있는 아동 또는 학대로 인하여 부모로부터 일시 격리되어 치료받을 필요가 있는 아동을 보호 · 치료하는 시설이다.

4) 자립지원시설

아동복지시설에서 퇴소한 자에게 취업준비기간 또는 취업 후 일정 기간 보호함으로써 자립을 지원하는 것을 목적으로 하는 시설이다.

5) 아동상담소

아동과 그 가족의 문제에 관한 상담, 치료, 예방 및 연구 등을 목적으로 하는 시설이다.

6) 아동전용시설

어린이공원, 어린이놀이터, 아동회관, 체육 · 연극 · 영화 · 과학실험전시 시설, 아동휴게숙박시설, 야영장 등 아동에게 건전한 놀이 · 오락 기타 각종 편의를 제공하여 심신의 건강유지와 복지증진에 필요한 서비스를 제공하는 것을 목적으로 하는 시설이다.

7) 공동생활가정

보호대상아동에게 가정과 같은 주거여건과 보호, 양육, 자립지원 서비스를 제공하는 것을 목적으로 하는 시설이다. 다시 말해 9인 이하 거주할 수 있는 소규모 양육시설을 의미한다.

〈표 5-2〉 아동복지시설 보호아동 현황 (단위 : 개소, 명)

구 분	계(현원)		양육시설		보호치료 시설		자립지원 시설		일시보호 시설		종합시설		아동 상담소	전용 시설	개인 양육시설	
	시설	인원	시설	인원	시설	인원	시설	인원	시설	인원	시설	인원			시설	인원
계	281	11,665	240	10,585	12	469	13	218	13	275	3	118	10	7	13	74
서 울	49	2341	35	1959	3	140	3	71	5	53	3	118	1	0	0	0
부 산	21	931	18	882	1	24	1	22	1	3	0	0	0	0	0	0
대 구	23	697	18	588	2	54	2	40	1	15	0	0	0	0	0	0
인 천	10	532	9	487	0	0	0	0	1	45	0	0	5	1	0	0
광 주	12	507	10	454	0	0	1	12	1	41	0	0	0	1	0	0
대 전	14	469	12	360	1	99	1	10	0	0	0	0	0	0	0	0
울 산	1	117	1	117	0	0	0	0	0	0	0	0	0	0	0	0
세 종	1	25	1	25	0	0	0	0	0	0	0	0	0	0	0	0
경 기	28	1176	25	1049	1	40	0	0	2	87	0	0	3	1	4	34
강 원	11	318	8	269	0	0	1	18	2	31	0	0	0	0	2	6
충 북	13	518	11	477	1	29	1	12	0	0	0	0	0	3	1	0
충 남	14	590	13	577	0	0	1	13	0	0	0	0	0	0	0	0
전 북	16	643	14	587	1	45	1	11	0	0	0	0	0	0	0	0
전 남	23	1012	21	988	1	15	1	9	0	0	0	0	0	0	2	19
경 북	15	708	15	708	0	0	0	0	0	0	0	0	0	0	3	13
경 남	25	833	24	810	1	23	0	0	0	0	0	0	0	1	1	2
제 주	5	248	5	248	0	0	0	0	0	0	0	0	1	0	0	0

출처 : 보건복지부(2020c). 2020년도 아동복지시설 현황.

〈표 5-3〉 공동생활가정 현황 (단위 : 개소, 명)

구 분	시설수	종사자수	정 원	수용인원			아동현황							
				계	남	여	계	미취학		초등재	중재	고재	대재	기타
								0~3세	3~6세					
계	507	1,459	3,474	2,645	1,473	1,172	2,645	67	266	876	607	628	157	43
서 울	65	184	438	317	189	128	317	10	41	93	70	85	11	7
부 산	27	84	185	156	80	76	156	3	9	51	43	43	5	2
대 구	12	36	80	59	40	19	59	0	3	21	15	15	3	2
인 천	17	48	117	99	47	52	99	5	10	35	19	23	7	0
광 주	34	97	237	164	79	85	164	4	30	68	29	28	5	0
대 전	16	45	110	86	49	37	86	3	6	35	16	20	3	3
울 산	8	24	52	45	39	6	45	0	5	21	15	2	1	1
세 종	0	0	0	0	0	0	0	0	0	0	0	0	0	0
경 기	146	414	997	776	446	330	776	16	86	255	188	178	38	15
강 원	19	55	133	99	47	52	99	6	7	27	25	23	10	1
충 북	24	64	166	122	56	66	122	7	6	35	32	34	6	2
충 남	26	75	182	126	71	55	126	5	3	39	26	38	13	2
전 북	40	120	270	215	100	115	215	2	20	79	53	45	15	1
전 남	33	98	230	168	104	64	168	1	14	47	31	47	25	3
경 북	10	27	69	43	28	15	43	3	6	12	11	8	3	0
경 남	26	76	180	143	84	59	143	2	15	48	28	35	11	4
제 주	4	12	28	27	14	13	27	0	5	10	6	5	1	0

출처 : 보건복지부(2020b). 2020년도 공동생활가정 현황.

8) 지역아동센터

지역사회 아동의 보호·교육, 건전한 놀이와 오락의 제공, 보호자와 지역사회의 연계 등 아동의 건전육성을 위하여 종합적인 아동복지서비스를 제공하는 시설이다. 지역아동센터는 전국 4,211개소로 아동복지시설 중 가장 많은 수를 차지하고 있다(아동권리보장원, 2021).

9) 아동보호전문기관

아동학대 신고접수, 경찰과 함께 현장조사, 전화상담, 치료서비스, 아동학대예방활동 등을 전담하는 시설로 전국에 67개소가 있다(아동권리보장원, 2021).

10) 가정위탁지원센터

보호가 필요한 아동을 위탁가정에 배치하고 전문화된 협력기관의 연계를 통해 아동 및 위탁부모에게 상담, 치료, 교육 등 종합적 서비스를 제공하여 아동이 건강하고 안전하게 성장하여 친가정으로 돌아갈 수 있도록 지원하는 시설로 전국 18개 센터를 운영하고 있다.

11) 아동권리보장원

아동정책에 대한 종합적인 수행과 아동복지 관련 사업의 효과적인 추진을 위하여 필요한 정책의 수립을 지원하고 사업평가 등의업무를 수행하는 시설로 전국에 1개소가 서울 종로구에 위치하고 있다.

12) 자립지원전담기관

지역과 보호체계별 편차 없이 자립지원 서비스를 제공하기 위해 자립지원 전담인력 관리, 자립준비청년 사후관리 및 자립지원 통합서비스 운영, 보호대상아동 자립지원업무 지원, 공공·민간 네트워크 구축 및 홍보 등을 하는 기관이다.

3. 아동복지 분야 실습 유의사항

아동복지현장에서 실습하기 위해서는 아동의 특성과 욕구를 이해하고 있어야 한다. 다음에서 아동발달 특성 및 욕구에 대해 간략하게 살펴보고, 아동복지 현장에서 실습 시 유의사항을 알아보기로 한다.

1) 아동발달 특성 및 욕구

(1) 신체발달

아동기 신체의 성장은 연속적 과정으로 앞 단계의 변화를 기초로 하여 다음 단계의 변화가 이루어지는 연속적 관계를 갖는다. 그러나 신체의 각 부위별로 발달 단계에 따른 속도가 항상 일정하지는 않다. 영유아기와 아동기는 일생 중에서도 신체발달이 제일 빠른 시기이다. 따라서 이 시기에는 충분한 영양공급, 적절한 운동과 신체활동을 필요로 한다.

(2) 인지발달

아동의 사고능력, 즉 인지발달은 점진적으로 발전하는 것이 아니라 각 단계별로 질적 변화를 거치게 된다. 아동은 성인에 비해 인지능력이 낮을 뿐 아니라, 성인과는 근본적으로 다른 방식으로 생각한다.

안정적이고 적절한 자극을 제공해 주는 가정환경에서 성장한 아동들의 지능지수는 시간 경과에 따라 안정성을 보이거나 혹은 증가하는 경우가 많다. 반면에 빈곤 계층과 같이 소외되고 열악한 환경에서 성장한 아동들은 지능지수에서 누적적인 결손을 보일 수 있다. 따라서 아동의 인지발달을 촉진시킬 수 있도록 적당한 지적 자극이 필요하고 문화적 혜택을 누릴 수 있는 환경조성이 필요하다(김성경 · 김혜영, 2021).

(3) 사회성 발달

아동의 사회성 발달은 자신이 타인과 구별되는 분리된 실체라고 인식하는 자아개념을 바탕으로 시작된다. 특히 유아기에 부모에게 애착을 경험하는 것은 후에 친근한 인간관계를 확립할 수 있는 능력의 기초가 된다. 다시 말해 안정적인 애착을 경험한 아동은 나중에 또래 관계에서도 친구와 긍정적으로 상호작용하며 적응적인 성향을 보이는 데 반해, 불안정한 애착을 경험한 아동은 부적응과 문제행동을 나타낼 가능성이 높다(김성경 · 김혜영, 2021).

2) 아동복지 분야의 특성 이해

아동복지 분야 실습에 대한 이해를 돕기 위해 학생들이 주로 실습하는 아동양육시설인 보육원, 지역아동센터, 아동보호전문기관을 중심으로 살펴보고 아동복지 분야 실습의 유의사항을 살펴보기로 한다.

(1) 아동양육시설(보육원)

아동양육시설은 보호대상아동을 입소시켜 보호, 양육 및 취업훈련, 자립지원 서비스 등을 제공하는 것을 목적으로 하는 시설이다(아동복지법 제52조).

① 이용대상자

아동양육시설의 보호대상 아동의 기준은 다음과 같다(보건복지부, 2020c).

- 보호자가 없거나 보호자로부터 이탈된 아동
- 보호자로부터 학대받은 아동
- 보호자의 학대로 아동보호전문기관에 신고되어 해당 기관이 시·도지사 또는 시·군·구청장에게 보호조치를 의뢰한 아동(특히 아동에게 문제행동이 있어 상담·치료가 필요한 경우, 아동보호전문기관에서 아동의 시설입소를 의뢰하면 시·도 또는 시·군·구에서는 반드시 입소될 수 있도록 하여야 함)
- 보호자의 질병, 가출 등으로 가정 내에서 보호하기 어려운 아동
- 시·도지사 또는 시장·군수·구청장이 특별히 보호가 필요하다고 인정하는 아동

보호대상 아동이 발생하면 공공기관에 의해 보호조치가 취해진다. 보호대상 아동에 대한 모든 보호조치는 아동복지심의위원회를 통해 이루어지게 되었는데, 이는 모든 대안양육 유형은 법률적·행정적 기반이 있어야 한다는 UN 아동대안양육지침 5장의 내용을 뒷받침한다고 볼 수 있다. 보호조치는 시·도, 시·군·구 등의 지방행정조직을 통해 각 일선 아동복지기관에서 이루어지며, 이들에 대한 보호조치의 일차적 책무는 지방자치단체의 장에게 있다(윤혜미, 2017).

② 주요 제공서비스

아동양육시설에서 갖추어야 할 서비스 프로그램은 초기적응 프로그램, 자립지원 및 자립준비 프로그램, 만기퇴소 및 연장종료(자립) 아동관리, 아동상담, 가족·연고자상담, 사례관리, 맞춤형 지도·학습 프로그램, 정서 및 사회성 프로그램, 가족의

시설방문 및 아동의 원가족 방문 프로그램, 학대 피해 아동에 대한 지속적인 치료 및 적응 프로그램, 직접 서비스 자원봉사자, 멘토–멘티 결연 등이다.

(2) 아동양육시설(공동생활가정)

공동생활가정(그룹홈)을 '보호대상 아동에게 가정과 같은 주거여건과 보호, 양육, 자립지원서비스를 제공하는 것을 목적으로 하는 시설'이라고 정의하고 있다.

공동생활가정(그룹홈)이 다른 주거보호시설과 구별되는 구체적인 특징은 다음과 같다(김성경, 2003; Downs et al., 2000).

- 개방적 환경으로 보호아동의 이동과 주변 지역사회와의 상호작용에 대한 제약이 없다.
- 물리적 환경은 지역사회 내의 단독주택이나 아파트로 일반 가정집과 유사하다.
- 규모는 소규모로 5~10명의 인원을 보호한다.
- 지역사회의 학교, 사회복지관 등 지역사회의 기관들과 필수적으로 협력한다.
- 보호자는 위탁부모라기보다 상담자로서 성인의 모델을 제시한다.

① 이용대상자

공동생활가정에 입소하는 아동은 앞서 언급한 보육원 입소 아동과 동일하다.

② 주요 제공서비스

- 개별 아동 프로그램 : 개별 아동에 따른 학습지도, 학원 수강, 예체능 프로그램 관련 수강 등의 지원
- 문화체험 프로그램 : 체험 학습, 캠프(가족여행) 등 운영
- 사례관리 : 개별 아동에 대한 사례관리
- 아동·청소년의 자립 능력 향상
  - 아동·청소년의 발달론적 관점에서의 특성 이해
  - 아동의 특성과 능력에 맞는 개별화된 서비스 제공
  - 아동의 학령에 맞는 개별적인 연차적 자립 계획 수립

• 원가족과의 관계 회복
  – 가족방문 또는 전화, 문자, 편지, 카드 등 지속적인 관계유지 노력 연 1회 이상
  – 가족참여 프로그램(가족캠프 등) 연 1회 이상 실시
  – 관련기관 및 단체 등과 연계하여 부모교육 등 연 1회 이상 실시
• 학교와 관계 형성
  – 학교교사와 정기적이고 지속적인 상담, 정보공유, 학교행사에 참여
• 지역 내 자원 활용
  – 지역 내 관공서, 민간 자원 등 자원 연계
  – 자원봉사 및 후원 기관과 관계 형성

(3) 지역아동센터

지역사회 아동의 보호 · 교육, 건전한 놀이와 오락의 제공, 보호자와 지역사회의 연계 등 아동의 건전육성을 위하여 종합적인 아동복지서비스를 제공하는 데 목적이 있다(아동복지법 제52조). 지역아동센터의 역할은 아동 및 청소년의 심리, 정서적 안정 및 건강한 신체 발달, 일상 및 학교생활 유지 및 적응력 강화, 빈곤 및 위기 가정의 가족지원, 아동 · 청소년 문제에 대한 예방(사후복지가 아닌 예방복지 강화), 지역사회 자원 확보, 발굴 및 지지 등을 들 수 있다.

① 이용대상

지역 내 방과 후 돌봄 서비스를 필요로 하는 만 18세 미만의 학령기 아동은 센터를 이용할 수 있다.

② 주요 제공서비스

지역사회 내 보호를 필요로 하는 만 18세 미만 아동들을 대상으로 아동보호(안전한 보호, 급식 등), 교육기능(일상생활 지도, 학습능력 제고 등), 정서적 지원(상담 · 가족지원), 문화서비스(체험활동, 공연) 등으로 지역사회 내 아동돌봄서비스를 제공한다(보건복지부, 2020d).

〈표 5-4〉 지역아동센터 주요 제공서비스

사업 종류	서비스 내용
보 호	생활지원 센터생활지원, 일상생활지도, 부적응아지도, 위생지도, 급식지도, 건강검진, 야간아동보호, 5대 안전의무교육, 정서지원, 방임아동보호, 전문적 상담, 아동멘토링
교 육	학습지원, 수준별 학습지원, 숙제지도, 독서지도, 학교생활관리, 특기적성교육, 진로지도, 아동권리교육, 학습부진아지도, 경제교육
문 화	문화지원 공연관람, 체험활동, 캠프와 기행, 견학, 체육대회, 동아리 · 공동체 활동
복 지	일반아동 사례관리, 집중지원아동 사례관리, 가족나들이, 학부모모임, 탈학교 예방과 관리, 학교 교사상담
지역사회 연계	결연후원(인적 · 물적 자원 연계), 지역복지활동, 관련기관 연계, 후원자 관리, 기관 홍보

(4) 아동보호전문기관

2020년 3월 「아동복지법 및 아동학대 범죄의 처벌 등에 관한 특례법」 개정안이 국회를 통과하면서 아동학대 전담공무원제를 시행하게 되었다. 2020년 10월 기준 기초지방자치단체 100곳에 아동학대 전담공무원 189명이 배치되어 시범 운영하고 있다. 이 제도는 그동안 민간 영역에 맡겼던 아동학대 조사 업무에 전담공무원을 배치하여 조사의 강제성을 높이는 것이다. 아동학대 전담공무원은 112 및 시 · 군 · 구에 아동학대 신고가 접수되면 경찰과 함께 출동해 학대 여부를 조사할 수 있으며, 학대 위험이 심각하다고 판단되면 학대 행위자와 피해 아동을 격리, 보호할 권한이 있다(김성경 · 김혜영, 2021).

① 이용절차

아동학대 신고의무자는 학대받는 아동을 발견하면 즉시 국번 없이 112로 신고해야 하고, 신고의무가 없는 일반인도 신고할 수 있다. 아동학대로 판정된 사례는 피해아동에 대해서는 응급조치 혹은 원가정보호, 피해아동보호명령조치, 임시조치 등의 조치결과를 받게 된다.

아동보호전문기관은 비교적 경미한 아동학대사례로 판정된 원가정보호아동, 임시조치 5호, 피해아동보호명령조치 5-2호(표 5-5 참조)에 의해 다양한 상담 및 심리치료서비스를 제공하고 있다.

② 주요 제공서비스

학대피해아동 지원사업은 가족기능 강화서비스, 상담서비스, 심리치료서비스가 있다. 가족기능강화 서비스는 가정지원 서비스, 사회복지서비스 기관연결, 공적지원 연결을 통한 지역사회 자원활용으로 학대피해아동 보호체계 마련 및 가족기능 강화를 도모한다. 상담서비스는 학대피해아동, 학대행위자, 부모상담 및 가족상담을 통한 상담서비스 제공으로 심리정서적 지원, 학대후유증 극복 및 재학대 발생 예방을 목적으로 한다. 심리치료 서비스는 학대피해아동, 학대행위자, 부모 및 가족에 대한 종합심리검사와 심리치료 서비스를 제공하여 아동 및 가족에 대한 이해를 높이고 정확한 진단으로 심리정서 지원을 목적으로 한다.

〈표 5-5〉 아동학대사례 조치결정

구분	내용
응급조치	1호 : 학대행위 제지 2호 : 피해아동으로부터 행위자 격리 3호 : 피해아동 보호시설 인도 4호 : 피해아동 의료기관 인도
임시조치	1호 : 피해아동 또는 가정구성원의 주거로부터 퇴거 등 격리 2호 : 피해아동 또는 가정구성원의 주거, 학교 또는 보호시설 등에서 100m 이내 접근 금지 3호 : 피해아동 또는 가정구성원에 대한 전기통신을 이용한 접근 금지 4호 : 친권 또는 후견인 권한 행사의 제한 또는 정지 5호 : 아동보호전문기관 등에의 상담 및 교육 위탁 6호 : 의료기관이나 그 밖의 요양시설에서의 위탁 7호 : 경찰관서의 유치장 또는 구치소에의 유치
피해아동 보호명령조치	1호 : 아동학대행위자를 피해아동의 주거지 또는 점유하는 방실로부터의 퇴거 등 격리 2호 : 아동학대행위자가 피해아동 또는 가정구성원에게 접근하는 행위의 제한 3호 : 아동학대행위자가 피해아동 또는 가정구성원에게 전기통신기본법 제2조 제1호의 전기통신을 이용하여 접근하는 행위의 제한 4호 : 피해아동을 아동복지시설 또는 장애인복지시설로의 보호위탁 5호 : 피해아동을 의료기관으로의 치료위탁 5-2호 : 피해아동을 아동보호전문기관, 상담소 등으로의 상담 · 치료위탁 6호 : 피해아동을 연고자 등에게 가정위탁 7호 : 친권자인 아동학대행위자의 피해아동에 대한 친권 행사의 제한 또는 정지 8호 : 후견인인 아동학대행위자의 피해아동에 대한 후견인 권한의 제한 또는 정지 9호 : 친권자 또는 후견인의 의사표시를 갈음하는 결정

3) 아동복지실습 시 유의사항

(1) 아동 발달 특성 및 욕구에 대한 이해를 바탕으로 아동의 성장과 발달을 촉진하기 위해 노력한다

(2) 아동의 권리에 대해 충분히 숙지하고 아동복지실습에 임해야 한다

「UN 아동권리에 관한 국제협약」에 의하면 '아동차별금지', '아동 최우선 이익', '아동의 생존 · 보호 · 발달', '아동 의사존중'의 원칙 등이 있다.

① **생존권**

적절한 생활수준을 누릴 권리, 안전한 주거지에서 살아갈 권리, 충분한 영양을 섭취하고 기본적인 보건서비스를 받을 권리 등, 기본적인 삶을 누리는 데 필요한 권리

② **보호권**

모든 형태의 학대와 방임, 차별, 폭력, 고문, 징집, 부당한 형사처벌, 과도한 노동, 약물과 성폭력 등 어린이에게 유해한 것으로부터 보호받을 권리

③ **발달권**

잠재능력을 최대한 발휘하는 데 필요한 권리, 즉 교육받을 권리, 여가를 즐길 권리, 문화생활을 하고 정보를 얻을 권리, 생각과 양심과 종교의 자유를 누릴 권리

④ **참여권**

자신의 생활에 영향을 주는 일에 대하여 의견을 말할 수 있어야 하며, 그 의견을 말하고 존중받을 권리, 즉 표현의 자유, 양심과 종교의 자유, 의견을 말할 권리, 평화로운 방법으로 모임을 자유롭게 열 수 있는 권리, 사생활을 보호받을 권리, 유익한 정보를 얻을 권리 등

(3) 바른 언어 사용과 올바른 품행으로 아동의 역할모델이 될 수 있어야 한다

(4) 아동을 대할 때 지지적이고 온화한 태도로 일관성 있게 행동해야 한다

(5) 아동과 대화를 할 때 아동의 눈높이에 맞추어 이해하기 쉽게 말한다

(6) 가정, 학교, 그 밖의 장소에서 아동이 학대받은 징후가 발견된다면 기관 실습지도자와 먼저 의논하고 아동보호전문기관에 신고해야 한다

(7) 아동이 혹시 용돈, 선물 등을 요구하는 경우에 이에 응하는 것은 바람직하지 않다

(8) 아무리 사소한 것이라 하더라도 아동에게 지키지 못할 약속을 해서는 안 된다

(9) 아동과 그 가족에 대한 개인정보는 보호되어야 하고 실습하는 동안 알게 된 정보는 반드시 비밀을 보장해야 한다

CHAPTER 06

노인복지 분야 실습

1. 노인과 노인복지에 대한 이해

1) 노인의 개념

노인은 대개 어르신, 고령자, 시니어, 연장자, 원로 등으로 표현되고 대개 신체적으로 퇴화기에 있으며, 심리적으로 성격이 변화되기도 하고 정신적 기능이 약화되어 있으며, 사회적으로 지위와 역할이 상실되고 있는 사람을 말한다.

노인에 대한 정의는 개인 스스로 노인이라고 생각하는 개인의 자각에 의한 노인, 주요한 사회적 지위와 역할이 상실된 사회적 노인, 시간적인 경과에 따른 연령적 노인, 신체적 · 심리적 · 사회적 기능에 따른 기능적 노인 등으로도 구분할 수 있을 것이다(최성재 · 장인협, 2011 : 32-34). 하지만 개인차가 심하여 신체적 · 심리적 · 사회적 특성으로 노인을 정의하기는 매우 어렵다(이근홍, 2021 : 13).

노인복지법에 따르면 65세 이상을 노인으로 정의하고 있다. 그러나 평균수명이 연장되고 노인의 건강이 증진되면서 노인의 연령기준을 65세를 넘어 70세 정도로 상향조정하자는 논의가 진행되고 있다.

2) 노인복지의 개념

노인복지란 노인의 사회적 욕구를 충족시키기 위한 사회적 노력이며 노인문제를 예방하고 해결하기 위한 대책으로서, 노인이 인간다운 삶을 영위할 수 있도록 필요한 서비스를 제공하는 정책적 · 실천적 모든 활동이라고 정의할 수 있다.

2. 노인복지시설의 종류 및 기능

건강하고 안정된 노후생활을 위하여 각종 노인복지서비스를 제공하는 시설을 말한다.

〈표 6-1〉 노인복지시설의 종류

종 류	시 설	설치 목적
노인주거 복지시설	양로시설	노인을 입소시켜 급식과 그 밖에 일상생활에 필요한 편의를 제공
	노인공동 생활가정	노인들에게 가정과 같은 주거여건과 급식, 그 밖에 일상생활에 필요한 편의를 제공
	노인 복지주택	노인에게 주거시설을 임대하여 주거의 편의 · 생활지도 · 상담 및 안전관리 등 일상생활에 필요한 편의를 제공
노인의료 복지시설	노인요양 시설	치매 · 중풍 등 노인성 질환 등으로 심신에 상당한 장애가 발생하여 도움을 필요로 하는 노인을 입소시켜 급식 · 요양과 그 밖에 일상생활에 필요한 편의를 제공
	노인요양공동 생활가정	치매 · 중풍 등 노인성 질환 등으로 심신에 상당한 장애가 발생하여 도움을 필요로 하는 노인에게 가정과 같은 주거여건과 급식 · 요양, 그 밖에 일상생활에 필요한 편의를 제공
노인여가 복지시설	노인 복지관	노인의 교양 · 취미생활 및 사회참여활동 등에 대한 각종 정보와 서비스를 제공하고, 건강증진 및 질병예방과 소득보장 · 재가복지, 그 밖에 노인의 복지증진에 필요한 서비스를 제공
	경로당	지역노인들이 자율적으로 친목도모 · 취미활동 · 공동작업장 운영 및 각종 정보교환과 기타 여가활동을 할 수 있도록 하는 장소를 제공
	노인교실	노인들에 대하여 사회활동 참여욕구를 충족시키기 위하여 건전한 취미생활, 노인건강 유지, 소득보장, 기타 일상생활과 관련한 학습 프로그램을 제공

재가노인 복지시설	방문요양서비스	가정에서 일상생활을 영위하고 있는 노인으로서 신체적 · 정신적 장애로 어려움을 겪고 있는 노인에게 필요한 각종 편의를 제공하여 지역사회 안에서 건전하고 안정된 노후를 영위하도록 하는 서비스
	주 · 야간보호 서비스	부득이한 사유로 가족의 보호를 받을 수 없는 심신이 허약한 노인과 장애노인을 주간 또는 야간 동안 보호시설에 입소시켜 필요한 각종 편의를 제공하여 이들의 생활안정과 심신기능의 유지 · 향상을 도모하고, 그 가족의 신체적 · 정신적 부담을 덜어주기 위한 서비스
	단기보호 서비스	부득이한 사유로 가족의 보호를 받을 수 없어 일시적으로 보호가 필요한 심신이 허약한 노인과 장애노인을 보호시설에 단기간 입소시켜 보호함으로써 노인 및 노인가정의 복지증진을 도모하기 위한 서비스
	방문목욕서비스	목욕장비를 갖추고 재가노인을 방문하여 목욕을 제공하는 서비스
노인보호 전문기관	시 · 도지사가 노인보호전문기관을 지정 · 운영, 노인학대 신고, 상담, 보호, 예방 및 홍보, 24시간 신고 · 상담용 긴급전화(1577-1389) 운영	
학대피해노인 전용쉼터	노인학대로 피해를 입은 노인을 일정 기간 보호하고 심신치유 프로그램을 제공	
노인일자리 전담기관 (제23조의2)	지역사회 등에서 노인일자리의 개발 지원 창업 육성 및 노인에 의한 재화의 생산 판매 등을 직접 담당하는 노인일자리 전담기관 운영	

출처 : 법제처(https://www.moleg.go.kr), 김혜영 · 석말숙 · 최정숙 · 김성경(2020). 사회복지실천론, pp. 90-91 재인용.

1) 노인주거복지시설

(1) 양로시설 · 노인공동생활가정

양로시설은 노인을 입소시켜 급식과 그 밖에 일상생활에 필요한 편의를 제공하는 시설로 노인공동생활가정에 비해 규모가 크다. 이에 비해 노인공동생활가정은 9인 이하의 소규모 시설로 노인들에게 가정과 같은 주거여건과 급식, 그 밖에 일상생활에 필요한 편의를 제공하고 있다. 여기에 입소하는 자격조건은 다음과 같다.

① 무료 입소 대상자

- 기초생활보장수급자(생계급여 또는 의료급여)로서 일상생활에 지장이 없는 65세 이상의 자

- 부양의무자로부터 적절한 부양을 받지 못하는 자로서 일상생활에 지장이 없는 65세 이상의 자
  ※ 노인보호전문기관에서 학대피해노인으로 입소의뢰를 받은 노인 및 긴급조치대상자 등

② 실비 입소 대상자

- 대상자의 당해연도 월 평균소득액*이 도시근로자 1인당 월 평균소득액** 이하인 자로서 일상생활에 지장이 없는 65세 이상의 자
  * 월 평균소득액 : 본인과 그 배우자 및 생계를 같이 하는 부양의무자의 월 소득합산액을 가구원수로 나눈 소득액
  ** 도시근로자 1인당 월 평균소득액 : 통계청장이 통계법 시행령 제3조의 규정에 의하여 고시하는 전년도(본인 등에 대한 소득조사일이 속하는 해의 전년도를 말한다)의 도시근로자 가구 월평균 소득을 전년도의 평균 가구원수로 나누어 얻은 1인당 월평균 소득액

③ 유료 입소 대상자

입소자로부터 입소비용의 전부를 수납하여 운영하는 양로시설 또는 노인공동생활가정의 경우는 60세 이상의 자

(2) 노인복지주택

노인에게 주거시설을 분양 또는 임대하여 주거의 편의 · 생활지도 · 상담 및 안전관리 등 일상생활에 필요한 편의를 제공하고 있는 시설로서 입소조건은 다음과 같다.

- 단독취사 등 독립된 주거생활을 하는 데 지장이 없는 60세 이상의 자

〈표 6-2〉 노인주거복지시설 연도별 현황

<table>
<tr><th rowspan="2">종 류</th><th rowspan="2">시 설</th><th colspan="2">2020</th><th colspan="2">2019</th><th colspan="2">2018</th><th colspan="2">2017</th><th colspan="2">2016</th></tr>
<tr><th>시설 수</th><th>입소 정원</th><th>시설 수</th><th>입소 정원</th><th>시설 수</th><th>입소 정원</th><th>시설 수</th><th>입소 정원</th><th>시설 수</th><th>입소 정원</th></tr>
<tr><td rowspan="4">노인 주거 복지 시설</td><td>소 계</td><td>352</td><td>20,497</td><td>382</td><td>21,674</td><td>390</td><td>19,897</td><td>404</td><td>19,652</td><td>425</td><td>19,993</td></tr>
<tr><td>양로시설</td><td>209</td><td>11,619</td><td>232</td><td>13,036</td><td>238</td><td>12,510</td><td>252</td><td>12,562</td><td>265</td><td>13,283</td></tr>
<tr><td>노인공동생활 가정</td><td>107</td><td>953</td><td>115</td><td>954</td><td>117</td><td>998</td><td>119</td><td>1,092</td><td>128</td><td>1,062</td></tr>
<tr><td>노인복지주택</td><td>36</td><td>7,925</td><td>35</td><td>7,684</td><td>35</td><td>6,389</td><td>33</td><td>5,998</td><td>32</td><td>5,648</td></tr>
</table>

주 : 유료노인복지주택 입소정원 – 2008년 및 2007년에는 시 · 군 · 구 조사 자료에 의거 입소정원을 표기하였으나, 현실적으로 주택은 1세대에 1명 또는 여러 명이 거주 가능하므로 입소정원이 없음. 따라서 2009년부터는 노인복지주택의 입소정원을 세대수로 표기함.

출처 : 보건복지부(2021). 노인복지시설현황.

2) 노인의료복지시설

(1) 노인요양시설 · 노인요양공동생활가정

노인요양시설은 치매 · 중풍 등 노인성 질환 등으로 심신에 상당한 장애가 발생하여 도움을 필요로 하는 노인을 입소시켜 급식 · 요양과 그 밖에 일상생활에 필요한 편의를 제공하고 있다. 노인요양공동생활가정은 9인 이하의 소규모 노인요양시설로 가정과 같은 주거여건과 급식 · 요양, 그 밖에 일상생활에 필요한 편의를 제공한다. 입소대상자의 자격조건은 다음과 같다.

※ 노인성 질환 등으로 다음 각 호의 어느 하나에 해당하는 자

① 노인장기요양보험법 제15조에 따른 장기요양급여수급자

② 생계급여 수급자 또는 의료급여 수급자로서 65세 이상의 자

③ 부양의무자로부터 적절한 부양을 받지 못하는 65세 이상의 자

④ 입소자로부터 입소비용 전부를 수납하여 운영하는 노인요양시설 · 노인요양공동생활가정의 경우는 60세 이상의 자

〈표 6-3〉 노인의료복지시설 연도별 현황

종 류	시 설	2020		2019		2018		2017		2016	
		시설 수	입소 정원	시설 수	입소 정원	시설 수	입소 정원	시설 수	입소 정원	시설 수	입소 정원
노인 의료 복지 시설	소 계	5,725	203,075	5,529	190,820	5,287	177,318	5,242	170,926	5,163	167,899
	노인요양시설	3,844	186,289	3,595	174,015	3,390	160,594	3,261	153,785	3,136	150,025
	노인요양 공동생활가정	1,881	16,786	1,934	16,805	1,897	16,724	1,981	17,141	2,027	17,874

출처 : 보건복지부(2021). 노인복지시설현황.

(2) 노인여가복지시설

① **노인복지관**

노인의 교양 · 취미생활 및 사회참여활동 등에 대한 각종 정보와 서비스를 제공하고, 건강증진 및 질병 예방과 소득보장, 재가복지, 그 밖에 노인의 복지증진에 필요한 서비스를 제공하고 있다. 노인복지관은 60세 이상이면 누구나 이용할 수 있는 이용시설이다.

② **경로당**

지역노인들이 자율적으로 친목도모 · 취미활동 · 공동작업장 운영 및 각종 정보교환과 기타 여가활동을 할 수 있도록 하는 장소를 제공한다. 경로당은 65세 이상인 노인은 누구나 이용할 수 있다.

③ **노인교실**

노인들에 대하여 사회활동 참여 욕구를 충족시키기 위하여 건전한 취미생활, 노인건강 유지, 소득보장, 기타 일상생활과 관련한 학습 프로그램을 제공한다. 노인교실은 60세 이상이면 누구나 이용할 수 있다.

〈표 6-4〉 노인여가복지시설 연도별 현황

종 류	시 설	2020	2019	2018	2017	2016
		시설 수	시설 수	시설 수	시설 수	시설 수
노인 여가 복지 시설	소 계	69,005	68,413	68,013	67,324	66,787
	노인복지관	398	391	385	364	350
	경로당	67,316	66,737	66,286	65,604	65,044
	노인교실	1,291	1,285	1,342	1,356	1,393

주 : 노인복지관 현황은 노인복지법에 제37조에 따른 노인복지관임.

출처 : 보건복지부(2021). 노인복지시설현황.

(3) 재가복지시설

① **방문요양서비스**

가정에서 일상생활을 영위하고 있는 노인으로서 신체적 · 정신적 장애로 어려움을 겪고 있는 노인에게 필요한 각종 편의를 제공하여 지역사회 안에서 건전하고 안정된 노후를 영위하도록 하는 서비스이다.

② **주 · 야간보호서비스**

부득이한 사유로 가족의 보호를 받을 수 없는 심신이 허약한 노인과 장애노인을 주간 또는 야간 동안 보호시설에 입소시켜 필요한 각종 편의를 제공하여 이들의 생활안정과 심신기능의 유지 · 향상을 도모하고, 그 가족의 신체적 · 정신적 부담을 덜어주기 위한 서비스이다.

③ **단기보호서비스**

부득이한 사유로 가족의 보호를 받을 수 없어 일시적으로 보호가 필요한 심신이 허약한 노인과 장애노인을 보호시설에 단기간 입소시켜 보호함으로써 노인 및 노인가정의 복지증진을 도모하기 위한 서비스이다.

④ 방문목욕서비스

목욕장비를 갖추고 재가노인을 방문하여 목욕을 제공하는 서비스이다.

위와 같은 재가복지서비스를 이용할 수 있는 자격요건은 다음과 같다.

※ 장기요양수급자나 심신이 허약하거나 장애가 있는 65세 이상의 자(이용자로부터 이용비용의 전부를 수납받아 운영하는 시설의 경우에는 60세 이상의 자로 한다)로서 다음 각 목에 해당하는 자

가. 방문요양서비스 : 가정에서 보호가 필요한 자
나. 주·야간보호서비스 : 주간 또는 야간 동안의 보호가 필요한 자
다. 단기보호서비스 : 단기간의 보호가 필요한 자
라. 방문목욕서비스 : 가정에서의 목욕이 필요한 자
마. 방문간호서비스 : 가정에서 간호가 필요한 자
바. 복지용구지원서비스 : 복지용구가 필요한 사람
사. 재가노인지원서비스 : 가목부터 마목까지의 서비스 이외의 서비스로서 상담·교육 및 각종 서비스가 필요한 자

〈표 6-5〉 노인재가복지시설 연도별 현황

종 류	시 설	2020		2019		2018		2017		2016	
		시설 수	입소 정원	시설 수	입소 정원	시설 수	입소 정원	시설 수	입소 정원	시설 수	입소 정원
재가 노인 복지 시설	소 계	7,212	73,595	4,821	53,831	3,494	34,642	3,216	28,898	3,168	24,709
	방문요양 서비스	2,656	0	1,513	0	1,051	0	1,001	0	1,009	0
	주 · 야간보호서비스	2,321	72,639	1,816	53,087	1,312	33,815	1,174	27,934	1,086	23,767
	단기보호 서비스	73	956	78	744	73	827	80	964	95	942
	방문목욕 서비스	1,596	0	942	0	650	0	609	0	588	0
	방문간호 서비스	95	0	60	0	21	0	10	0	0	0
	복지용구 지원서비스	86	0	0	0	0	0	0	0	0	0
	재가노인 지원서비스	385	0	412	0	387	0	342	0	390	0

주 : 재가노인복지시설 현황은 노인복지법에 의거 설치신고된 시설 현황자료임.
출처 : 보건복지부(2021). 노인복지시설현황.

(4) 노인보호전문기관

노인학대행위자에 대한 상담 및 교육 학대받은 노인의 발견 · 상담 · 보호 등 노인학대 예방 및 방지를 위한 홍보

① 중앙노인보호전문기관

국가는 지역 간의 연계체계를 구축하고 노인학대를 예방하기 위하여 다음 각 호의 업무를 담당하는 중앙노인보호전문기관을 설치 · 운영하여야 한다.

- 노인인권보호 관련정책 제안
- 노인인권보호를 위한 연구 및 프로그램의 개발

- 노인학대 예방의 홍보, 교육자료의 제작 및 보급
- 노인보호전문사업 관련실적 취합, 관리 및 대외자료 제공
- 지역노인보호전문기관의 관리 및 업무 지원
- 지역노인보호전문기관 상담원의 심화교육
- 관련기관 협력체계의 구축 및 교류
- 그 밖에 노인의 보호를 위하여 대통령령으로 정하는 사항

② 지역노인보호전문기관

학대받는 노인의 발견 · 보호 · 치료 등을 신속히 처리하고 노인학대를 예방하기 위하여 다음 각 호의 업무를 담당하는 지역노인보호전문기관을 특별시 · 광역시 · 도 · 특별자치도(이하 "시 · 도"라 한다)에 둔다.

- 노인학대 신고전화의 운영 및 사례접수
- 노인학대 의심사례에 대한 현장조사
- 피해노인 및 노인학대자에 대한 상담
- 피해노인가족 관련자와 관련기관에 대한 상담
- 상담 및 서비스 제공에 따른 기록과 보관
- 일반인을 대상으로 한 노인학대 예방교육
- 노인학대행위자를 대상으로 한 재발방지 교육
- 그 밖에 노인의 보호를 위하여 보건복지부령으로 정하는 사항

③ 학대피해노인쉼터

노인학대로 피해를 입은 자를 일정 기간 보호하고 심신치유 프로그램을 제공한다.

쉼터 입소를 희망하는 경우 지역노인보호전문기관장의 입소요청에 학대피해노인이 동의하는 경우에 가능하다.

〈표 6-6〉 노인보호전문기관 및 쉼터 연도별 현황

시 설	2020		2019		2018		2017		2016	
	시설 수	입소 정원	시설 수	입소 정원	시설 수	입소 정원	시설 수	입소 정원	시설 수	입소 정원
노인보호 전문기관	35	0	34	0	33	0	32	0	29	0
학대피해노인 전용쉼터	19	0	19	0	18	0	0	0	0	0

출처 : 보건복지부(2021). 노인복지시설현황.

(5) 노인일자리 전담기관

지역사회 등에서 노인일자리의 개발 지원 창업 육성 및 노인에 의한 재화의 생산 판매 등을 직접 담당하는 노인일자리 전담기관을 운영한다.

① 노인의 능력과 적성에 맞는 일자리지원사업을 전문적 · 체계적으로 수행하기 위한 전담기관(이하 "노인일자리전담기관"이라 한다)은 다음의 기관으로 한다.

- **노인인력개발기관** : 노인일자리 개발 · 보급사업, 조사사업, 교육 · 홍보 및 협력사업, 프로그램 인증 · 평가사업 등을 지원하는 기관
- **노인일자리지원기관** : 지역사회 등에서 노인일자리 개발 · 지원, 창업 · 육성 및 노인에 의한 재화의 생산 · 판매 등을 직접 담당하는 기관
- **노인취업알선기관** : 노인에게 취업상담 및 정보를 제공하거나 노인일자리를 알선하는 기관

② 국가 또는 지방자치단체는 노인일자리전담기관을 설치 · 운영하거나 그 운영의 전부 또는 일부를 법인 · 단체 등에 위탁할 수 있다.

③ 노인일자리전담기관의 설치 · 운영 또는 위탁에 관하여 필요한 사항은 대통령령으로 정한다.

〈표 6-7〉 노인일자리전담기관 연도별 현황

종 류	시 설	2020		2019		2018		2017		2016	
		시설수	입소정원	시설수	입소정원	시설수	입소정원	시설수	입소정원	시설수	입소정원
노인일자리지원기관	노인일자리지원기관	196	0	184	0	160	0	153	0	136	0

출처 : 보건복지부(2021). 노인복지시설현황.

3. 노인장기요양보험제도에 대한 이해

고령이나 노인성 질병 등의 사유로 일상생활을 혼자서 수행하기 어려운 노인 등에게 신체활동 또는 가사활동 지원 등의 장기요양급여를 제공하여 노후의 건강증진 및 생활안정을 도모하고 그 가족의 부담을 덜어줌으로써 국민의 삶의 질을 향상하도록 함을 목적으로 시행하는 사회보험제도이다.

1) 적용대상

건강보험 가입자는 장기요양보험의 가입자가 된다(노인장기요양보험법 제7조 제3항). 이는 건강보험의 적용에서와 같이 법률상 가입이 강제되어 있다. 또한 공공부조의 영역에 속하는 의료급여 수급권자의 경우 건강보험과 장기요양보험의 가입자에서는 제외되지만, 국가 및 지방자치단체의 부담으로 장기요양보험의 적용대상으로 하고 있다(법 제12조).

2) 급여대상

65세 이상 노인 또는 치매, 중풍, 파킨슨병 등 노인성 질병을 앓고 있는 65세 미만인 자 중 6개월 이상의 기간 동안 일상생활을 수행하기 어려워 장기요양서비스가 필요하다고 인정되는 자이다.

〈표 6-8〉 장기요양 등급판정 기준

등급 구분	판정 기준
장기요양 1등급	일상생활에서 전적으로 다른 사람의 도움이 필요한 자로서 장기요양인정점수가 95점 이상인 자
장기요양 2등급	일상생활에서 상당 부분 다른 사람의 도움이 필요한 자로서 장기요양인정점수가 75점 이상 95점 미만인 자
장기요양 3등급	일상생활에서 부분적으로 다른 사람의 도움이 필요한 자로서 장기요양인정점수가 60점 이상 75점 미만인 자
장기요양 4등급	일상생활에서 일정부분 다른 사람의 도움이 필요한 자로서 장기요양인정점수가 51점 이상 60점 미만인 자
장기요양 5등급	치매환자로서 장기요양인정점수가 45점 이상 51점 미만인 자

3) 급여 내용

노인장기요양보험의 급여 내용은 시설급여, 재가급여, 특별현금급여 등이 있다.

(1) 시설급여

요양시설에 장기간 입소하여 신체활동 지원 등 다양한 서비스를 제공하는 급여이다.

(2) 재가급여

가정을 방문하여 신체활동 및 가사활동 등 지원, 목욕, 간호 등 제공, 주간보호센터 이용, 복지용구 구입 또는 대여 등을 지원하는 급여이다.

(3) 특별현금급여

장기요양 인프라가 부족한 가정, 천재지변, 신체 · 정신 또는 성격 등 그 밖의 사유로 장기요양기관이 제공하는 장기요양급여를 이용하기 어렵다고 인정하는 경우 가족요양비를 지급한다.

4) 장기요양인정 및 서비스 이용절차

장기요양보험 가입자 및 그 피부양자나 의료급여수급권자 누구나 장기요양급여를 받을 수 있는 것이 아니고, |그림 6-1|의 일정한 절차에 따라 장기요양급여를 받을 수 있는 권리(수급권)가 부여되는데 이를 장기요양인정이라고 한다.

장기요양인정 신청자격은 장기요양보험 가입자 및 그 피부양자 또는 의료급여 수급권자 중 '65세 이상의 노인 또는 65세 미만자로서 치매, 뇌혈관성 질환 등 노인성 질환을 가진 자'이다.

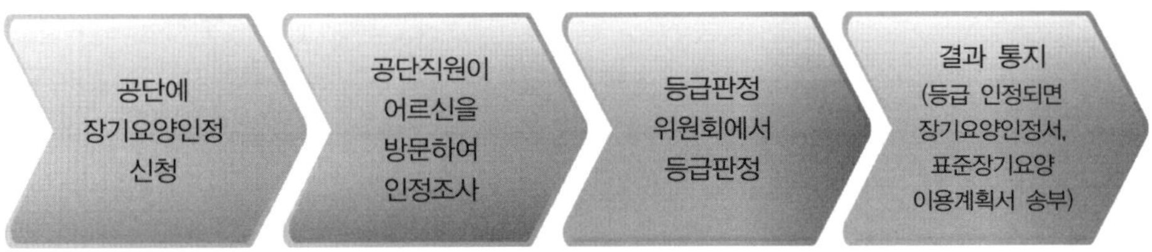

|그림 6-1| 장기요양급여 신청절차

장기요양기관은 시설급여 제공기관(노인복지법상 노인요양시설 및 노인요양공동생활가정), 재가급여 제공기관(노인복지법상 재가노인복지시설 및 노인장기요양보험법상 재가장기요양기관)을 들 수 있고 시·군·구청장의 지정 또는 설치신고를 통해 설립할 수 있다.

4. 노인복지 분야 특성 및 실습 유의사항

노인복지현장에서 실습을 원활하게 하기 위해서는 우선 노인의 특성과 욕구 및 문제에 대해 이해하고 있어야 한다. 생애주기에서 노년기의 특성과 이에 따른 노인의 욕구 및 문제에 대해 간략하게 살펴보고, 다음으로 노인복지 분야 특성 및 현장실습 시 유의사항을 알아보기로 한다.

1) 노년기의 특성

(1) 신체적 특성

노인은 생물학적 노화로 인하여 신체적 노화현상이 나타난다.

신체적 노화는 개인에 따라 그 속도나 시기가 조금씩 다르고 점진적으로 일어나며, 신체구조의 변화와 신체기능의 약화를 가져온다.

(2) 심리적 특성

환경에 적응할 수 있는 인지능력, 정보나 기술을 습득하는 학습능력, 기억력, 사고능력, 문제해결능력, 창의력 등이 점차로 감소할 수 있다.

정서적인 면에서는 불안, 격노, 슬픔, 기쁨, 놀라움 등의 감정표출능력이 저하될 수 있다.

노인은 신체적 · 인지적 노화현상으로 인하여 성격적 특성에도 다음과 같은 변화를 보일 수 있다.

① 우울증 경향의 증가
② 내향성과 수동성의 증가
③ 경직성의 증가
④ 조심성의 증가
⑤ 의존성의 증가
⑥ 생에 대한 회상의 증가
⑦ 친근한 사물에 대한 애착심
⑧ 생애의 나날이 짧아지고 있음을 느끼는 시간 전망의 변화
⑨ 유산을 남기려는 경향
⑩ 성역할 지각의 변화 등

(3) 사회적 특성

가족 유형이 핵가족화되면서 가족 내에서 노인들의 지위와 역할에 큰 변화가 나타난다. 직업 역할이 상실되며, 경제적 의존성과 신체적 의존성이 점점 증가한다.

사회적 활동이 줄면서 소외감, 상실감(권위 상실, 역할 상실, 경제능력 상실), 무력감 등을 느끼게 된다. 이러한 사회적 특성은 노인들로 하여금 심리적으로는 고독을, 사회적으로는 박탈감 및 지위와 역할의 상실을, 경제적으로는 빈곤을 겪게 한다.

(4) 경제적 특성

산업사회에서 노동력이 상품화되어 신체적 기능과 기술이 부족한 노인들은 상품으로서의 가치가 떨어져 산업현장에서 물러나게 되면서 경제적인 어려움을 겪게 된다. 일에 종사하는 노인은 전체의 30.9%로 일에 종사하지 않는 노인이 훨씬 많다. 재산수입이나 개인저축이 있는 노인이 적고, 이로 인해 노인들의 경제적인 사정은 날로 악화되고 있다.

(5) 노인의 욕구 및 문제

욕구란 인간의 생존, 복지 및 성취를 위해 필요한 신체적 · 심리적 · 경제적 · 사회적 · 문화적인 필수요소(Barker, 1995 : 251)이다. 다시 말해 노인이 생존과 복지 및 자아실현을 위해 필요로 하는 신체적, 심리적, 사회적, 경제적 및 문화적 조건을 말한다. 따라서 노인의 욕구는 소득, 건강(의료), 여가, 주거, 일자리, 신체적 수발, 사회적 지지, 교육, 문화, 교통, 종교 등 다양하다. 노인이 처한 문제는 노인이 경험하게 되는 대표적인 네 가지 고통인 빈곤, 질병, 고독 및 역할상실이라 할 수 있다. 이와 함께 치매, 노인학대, 자살 등과 같은 심각한 문제가 발생할 수 있다.

2) 노인복지 분야의 특성 이해

노인복지 분야 실습에 대한 이해를 돕기 위해 학생들이 주로 실습하는 노인요양원, 노인 주 · 야간보호센터, 노인종합복지관을 중심으로 살펴보고 노인복지 분야 실습의 유의사항을 살펴보기로 한다.

(1) 노인 요양원

노인 요양원은 치매 · 중풍 등 노인성 질환으로 일상생활의 도움이 필요한 노인에게 24시간 서비스를 제공한다. 목욕, 위생, 식사 등 일상생활 지원 서비스를 비롯하여 각종 재활서비스를 제공하여 노인의 잔존능력을 활용할 수 있도록 하며 인간다운 삶의 질을 유지할 수 있도록 돕는다.

① 이용대상자

입소대상자는 노인장기요양보험법 제15조에 따른 수급자(장기요양급여수급자)이거나 65세 이상 기초수급자 및 부양의무자로부터 적절한 부양을 받지 못하는 자 또는 입소자로부터 입소비용의 전부를 수납하여 운영하는 시설(기존 유료시설)의 경우 60세 이상이라도 입소가 가능하다. 노인요양원 입소대상자 선정기준은 〈표 6-9〉에서 살펴볼 수 있다.

〈표 6-9〉 요양원 입소대상자 선정기준

장기요양등급	입소자 선정기준
장기요양 1~2등급	요양인정점수 75점 이상
장기요양 3~4등급	등급판정위원회에서 다음 사유 중 1개 이상 해당하는 것으로 판단되어 시설입소를 희망하는 자 • 동일세대의 가족구성원으로부터 수발이 곤란한 경우 • 주거환경이 열악하여 시설입소가 불가피한 경우 • 심신상태 수준이 재가급여를 이용할 수 없는 경우
장기요양 5등급	등급판정위원회에서 다음 사유 중 1개 이상 해당하고 의사소견서 치매진단 관련 보완서류의 영역이 일정 점수 이상인 것으로 판단되어 시설입소를 희망하는 자 • 동일세대의 가족구성원으로부터 수발이 곤란한 경우 • 주거환경이 열악하여 시설입소가 불가피한 경우

② 주요 제공서비스

노인 요양원의 주요 서비스는 입소상담, 개별상담 및 가족상담 등의 상담서비스, 일상생활훈련(ADL), 목욕, 이 · 미용서비스 등의 생활지원서비스, 영양관리, 투약관리 등의 건강지원서비스, 물리치료, 운동치료, 작업치료 등의 신체재활서비스, 미술작업, 노래교실, 원예치료, 동화구연 등의 심리재활서비스, 인지기능훈련, 대인관계기술훈련, 사회적응훈련 등의 사회재활서비스, 종교활동, 생일잔치 및 명절행사 등의 정서지원서비스, 가족교육, 가족모임 등의 가족지원서비스와 같이 노인의 삶의 질을 유지할 수 있도록 돕는 다양한 서비스를 제공하고 있다.

(2) 노인 주 · 야간보호센터

주간 또는 야간 동안 보호가 필요한 노인을 시설에 입소시켜 필요한 각종 편의를 제공하여 이들의 생활안정과 심신기능의 유지 · 향상을 도모하고, 그 가족의 신체적 · 정신적 부담을 덜어주기 위한 서비스를 제공하고 있다.

① 이용대상자

노인 주 · 야간보호센터는 가족의 보호를 받을 수 없는 심신이 허약한 65세 이상의 노인과 65세 미만 중 노인성 질환으로 장기요양등급 판정을 받은 경우에 이용할 수 있다. 센터 이용을 희망하는 경우 장기요양인정서를 제출해야 하고 본인부담금은 이용자 유형에 따라 다음과 같이 다소 차이가 난다.

- 일반이용자 : 장기요양급여비용(이용료)의 15% 본인부담금 + 비급여
- 기초생활수급권자 : 본인부담금 0% + 비급여
- 의료수급권자 : 장기요양급여비용(이용료)의 6%, 9% 본인부담금 + 비급여
  * 비급여는 식비로 별도 비용부담

② 주요 제공서비스

노인 주 · 야간보호센터에서 일반적으로 제공하는 서비스는 〈표 6-10〉에서와 같이 사례관리사업, 신체활동지원, 일상생활지원사업, 가족지지사업, 건강관리사업, 인지지원프로그램, 치매케어사업, 돌봄커뮤니티사업 등이 있다.

〈표 6-10〉 노인 주 · 야간보호센터의 주요 제공서비스

사업 종류	사업 내용
사례관리사업	대상자 선정
	사정
	사례회의, 사례개입회의
	서비스 계획
	서비스 제공
일상생활지원사업	신체활동 지원
	기능회복 훈련
	송영 지원
	급간식 지원
가족지지사업	가정통신문 발송
	가족간담회
	가족지지 프로그램
치매케어사업	인지지원 프로그램(치매예방 프로그램)
	신체지원 프로그램
	사회성 증진 프로그램
	특별 및 절기행사
건강관리사업	간호 및 처치
	전염질환 예방
돌봄커뮤니티사업	돌봄커뮤니티 자원봉사자 활동
	후원자 모집 및 홍보
	후원자 활동 및 관리

출처 : 서초구립노인주야간보호센터.

(3) 노인종합복지관

노인종합복지관은 노인의 교양 · 취미생활 및 사회참여활동 등에 대한 각종 정보와 서비스를 제공하고, 건강증진 및 질병예방과 소득보장 · 재가복지, 그 밖에 노인의 복지증진에 필요한 서비스를 제공함을 목적으로 하는 시설이다(노인복지법 제36조 제1항).

① 이용대상자

노인종합복지관은 만 60세 이상이면 누구나 이용할 수 있는 시설이고 만 65세 이상이면 서비스의 대부분을 무료로 이용할 수 있다.

② 주요 제공서비스

노인종합복지관에서 보편적으로 제공하는 서비스는 〈표 6-11〉과 같이 노인상담사업, 평생교육지원사업, 지역복지사업, 기능회복사업, 노인사회활동지원사업, 사례관리사업, 급식지원사업, 노인맞춤돌봄서비스사업 등이 있다.

〈표 6-11〉 노인종합복지관의 주요 제공서비스

사업 종류	사업 목적	사업 내용
노인상담사업	노인상담사업은 지역 내 거주하는 노인의 자살, 우울, 치매, 빈곤, 성(性) 등 노년기 다양하고 복잡한 노인문제에 적절하게 대처하고, 지역사회 자원을 연계하여 건강하고 행복한 노후 환경조성을 위한 사업	• 상담 분야 우울, 자살, 부부 및 대인관계, 학대, 노인의 성(性), 치매, 사별 등 기타 노인문제 • 심리검사 노인우울검사(GDS-KR), 간편심리검사(DUKE-AD), 치매검사(MMSE-DS), 대인관계척도검사 등
평생교육 지원사업	건전하고 의미 있는 여가생활과 배움의 기회를 제공하여 어르신 및 지역주민 욕구에 맞는 다양한 프로그램을 개발하고 운영함으로써 자기개발을 통한 정서함양과 건강하고 활기찬 삶을 영위할 수 있도록 하는 사업	문화예술 프로그램 인문교양 프로그램 참여 프로그램 (생일잔치, 나들이, 명절행사 등)
지역복지사업	지역주민 스스로 지역사회 문제를 해결하고 복지증진에 참여할 수 있도록 지원하여 주민들의 공동체 의식과 지역사회에 대한 소속감 향상 및 각종 편의시설 제공을 통해 지역사회와의 유대감을 조성하기 위한 사업	인권교육 등 특별강좌 문화공연 전통문화행사
기능회복사업	노인들의 건강한 생활을 돕기 위하여 지역의 공공기관 및 의료기관과의 협력관계를 구축하여 노인들의 질병을 예방하고 조기에 발견하여 치유될 수 있도록 함으로써 노인과 지역공동체의 신체적·정신적 기능을 증진시키기 위한 사업	물리치료서비스 촉탁의 무료진료서비스 혈압, 혈당 체크 등

노인사회활동 지원사업	노인이 활기차고 건강한 노후생활을 영위할 수 있도록 다양한 일자리 및 사회활동을 지원하여 노인복지 향상에 기여하고 주체적인 삶의 질을 높이고 경제적 자립을 돕기 위한 사업	• 공익형 참여조건 : 지역에 거주하는 만 65세 이상 기초연금 수급자 • 시장형 참여조건 : 지역에 거주하는 만 60세 이상 건강보험 직장 미가입자 • 사회서비스형 참여조건 : 수원시에 거주하는 만 65세 이상 기초연금 수급자
사례관리사업	다양하고 복합적인 문제를 수반하고 있는 사각지대 노인들에게 지역 내 공식적 · 비공식적 자원을 연계함으로써 신체적 · 정서적 · 경제적 문제를 해결함으로써 사회생활상의 어려움을 완화함과 동시에 사회적으로 자립할 수 있도록 지원하는 사업	방문 · 전화상담 · 자원연계 사례회의 자원발굴
급식지원사업	지역 내 노인 중 결식이나 식생활에 대한 어려움을 가지고 있는 어르신에게 무료급식 및 도시락 서비스를 제공함으로써 적절한 영양공급이 이루어질 수 있도록 지원하는 사업	지역거주 만 60세 이상 기초생활수급자를 대상 무료중식 및 도시락 지원
노인맞춤돌봄 서비스사업	일상생활 영위가 어려운 취약노인에게 적절한 돌봄서비스를 제공하고 안정적인 노후생활 보장, 노인의 기능, 건강 유지 및 악화 예방 등의 서비스를 통해 지역사회 안전망구축	안전지원 사회참여 생활교육 일상생활지원 연계서비스 특화사업 등

3) 노인복지실습 시 유의사항

다음은 노인복지실습 시 유의사항이다.

① 인간존엄성 가치에 기반하여 노인을 존중하는 자세와 태도를 견지해야 한다.

② 노인의 신변을 수발할 시에 잔존능력을 최대한 인정하고 노인 스스로 할 수 없는 일에 대해서만 서비스를 제공한다.

③ 서비스를 제공하는 동안 노인이 학대를 당한 사실을 알게 된다면 실습지도자와 먼저 상의한 후 노인보호전문기관에 의뢰한다.

④ 노인 클라이언트에게 서비스를 제공하는 경우 당연히 경어를 사용해야 한다.

또한 호칭을 '할아버지', '할머니'보다는 '어르신'이라고 부르는 것이 바람직하다. 하지만 노인들에 따라 선호하는 호칭이 다를 수 있으므로 원하는 호칭을 사용하면 된다.

⑤ 치매노인을 대상으로 할 경우, 치매로 인한 특징 및 증상을 알고 대처할 필요가 있다(이해영, 2021).

(1) 치매노인의 심리

① **만성적 불쾌감** : 자신의 계속적인 실수로 인해 주변 사람들로부터 눈총을 받게 됨에 따라 치매초기에는 스트레스가 쌓이게 된다.

② **불안, 초조** : 바로 전의 일도 잊어버리므로 점차 불안과 초조감이 강해지고, 반복해서 묻거나 따라다니기도 한다. 치매노인을 이해하지 못하고 싫어하는 식의 대응은 불안과 초조함을 악화시킨다.

③ **우울 및 자살기도** : 이전과 다른 자신을 느끼고 우울해지거나 무기력해져 자살기도를 하기도 한다.

④ **혼란** : 장소와 시간에 대한 판단력이 없어져 혼란을 겪는다. 옷 입는 방법, 세수하는 법 등 일상생활의 모든 것들을 점점 잊어버리게 된다.

⑤ **감정변화** : 계속적인 스트레스로 감정 변화가 생긴다. 생각이나 말하고자 하는 것을 잊어버린다. 실어증이 생기기 쉽고 자신의 뜻대로 되지 않아 화를 내거나 폭력적이 될 수 있다.

⑥ **피해의식** : 가족들이 모여 있는 것을 보고 자기 욕을 한다고 여긴다.

⑦ **작화** : 자신의 끊어진 기억의 필름을 연결시키기 위해 말을 만들어서 이야기한다.

(2) 치매노인 대하기

① 지지적 태도로 부드럽게 대한다.

② 잔존능력을 살린다.

③ 규칙적인 생활리듬과 신체건강에 주의한다.

④ 급격한 환경의 변화를 피한다.

⑤ 바람직한 커뮤니케이션 방법을 활용한다.

- 가까이에서 말한다.
- 간결하게 정보를 전달한다.
- 노인이 아는 말로 대화한다.
- 이야기가 사실이 아니더라도 노인의 말에 맞추어야 한다.
- 대화 속도, 동작 등을 노인의 페이스에 맞추어야 한다.
- 어린아이 대하듯이 하지 말고 인격적으로 대해야 한다.
- 항상 현재 상황을 알려주도록 한다(예 '여기 아침 드셨다고 써있네요' 등).

⑥ 마지막으로 노인과 그 가족에 대한 개인정보는 보호되어야 하고 실습하는 동안 알게 된 정보는 반드시 비밀을 보장해야 한다.

CHAPTER 07

장애인복지 분야 실습

1. 장애인복지 개념 및 유형

1) 장애 개념

장애인정책은 매우 다양하고 이질적인 집단을 정책대상으로 한다(OECD, 2013). 이는 결국 장애의 개념이 애매하고 논쟁의 소지가 많다는 것을 의미한다. 실제 장애 개념에 대한 통일된 견해는 없다. 학자마다, 국가마다 그리고 한 국가 내에서도 법이나 제도의 목적에 따라 개념을 달리 정의하고 있다(Johnstone, 1998). 통상적으로 장애인정책 또는 서비스에서 활용되는 장애 개념으로 손상(impairments), 기능적 장애(disability), 사회적 장애(handicaps)가 있다. 다음 〈표 7-1〉은 세계보건기구의 장애 분류체계가 ICIDH에서 ICF로 변천되는 과정을 나타낸 것으로 장애를 분류하는 기준이 보다 세분화되고 개인적 요소와 함께 환경·상황과의 상호작용을 반영하는 방향으로 전환되고 있다(한국복지연구원, 2019).

〈표 7-1〉 세계보건기구의 장애분류체계 ICIDH와 ICF 비교

구 분	1980	2001
명 칭	ICIDH International Classification of Impairment, Disability and Handicap	ICF International Classification of Function, Disability
장애분류	질병(disease) 손상(impairment) 장애(disability) 불리(handicap)	신체기능 및 구조 활동과 참여 상황적 요소 환경적 요소 개별적 요소
특 징	개인적 질병 또는 손상으로 인한 장애 및 사회적 불리 발생	건강을 중심으로 개인·환경·상황적 맥락 간 상호작용에 따른 기능적 장애를 중시

출처 : 한국복지교육원(2019). 한국의 사회복지, p. 321.

2) 장애인의 개념

UN의 장애인권리선언(1975)에서는 "장애인은 선천적이든 후천적이든 관계없이 정신적 또는 신체적 능력의 부족으로 인하여 개인의 일상생활 또는 사회생활에 필요한 일을 확보하는 데 스스로 또는 부분적으로 할 수 없는 사람"으로 정의한다. 우리나라 장애인복지법에서는 "장애인이란 신체적 · 정신적 장애로 오랫동안 일상생활이나 사회생활에서 상당한 제약을 받는 자"로 규정하고 있다. 그 외에도 현재 장애인 관련 법률에서 정의하고 있는 장애인에 대한 개념을 정리하면 다음 〈표 7-2〉와 같다.

〈표 7-2〉 장애인 관련 법률별 장애인 개념

법률명	장애인 개념
장애인복지법	장애인이란 신체적 · 정신적 장애로 오랫동안 일상생활이나 사회생활에서 상당한 제약을 받는 자
장애인고용촉진 및 직업재활법	장애인이란 신체 또는 정신상의 장애로 장기간에 걸쳐 직업생활에 상당한 제약을 받는 자

장애인 등에 대한 특수교육법	특수교육대상자의 기준으로 시각장애, 청각장애, 지적장애, 지체장애, 정서·행동장애, 자폐성장애, 의사소통장애, 학습장애, 건강장애, 발달장애, 그 밖에 대통령령으로 특수교육을 필요로 하는 사람
장애인차별금지 및 권리구제 등에 관한 법률	장애인이란 신체적·정신적 손상 또는 기능상실이 장기간에 걸쳐 개인의 일상 또는 사회생활에 상당한 제약을 초래하는 상태에 따른 장애가 있는 사람

출처 : 한국복지교육원(2019). 한국의 사회복지, p. 325.

3) 장애 유형

장애인복지법에 의하면 장애유형은 총 15개 영역으로 그리고 「장애인 등에 대한 특수교육법」에 따르면 11개 영역으로 구분하는데 장애유형에 따라 당면문제와 욕구가 다르므로, 사회복지사는 장애유형의 특성을 충분히 파악하고 실천과정에서 이를 적용할 수 있어야 한다. 장애인복지법에 따라 장애유형을 구분한 내용은 다음 〈표 7-3〉과 같다.

〈표 7-3〉 장애유형

대분류	중분류	소분류	세분류
신체적 장애	외부 신체 기능 장애	지체장애	절단장애, 관절장애, 지체기능장애, 변형 등의 장애
		뇌병변장애	중추 신경의 손상으로 인한 복합적인 장애
		시각장애	시력장애, 시야결손장애
		청각장애	청력장애, 평형기능장애
		언어장애	언어장애, 음성장애, 구어장애
		안면장애	안면부의 추상, 함몰, 비후 등 변형으로 인한 장애
	내부 기관 장애	신장장애	투석치료 중이거나 신장을 이식받은 경우
		심장장애	일상생활이 현저히 제한되는 심장기능 이상
		간장애	일상생활이 현저히 제한되는 만성·중증의 간기능 이상
		호흡기장애	일상생활이 현저히 제한되는 만성·중증의 호흡기기능 이상
		장루·요루장애	일상생활이 현저히 제한되는 장루·요루
		뇌전증장애	일상생활이 현저히 제한되는 만성·중증의 뇌전증(간질)
정신적 장애		지적장애	지능지수가 70 이하인 경우
		정신장애	조현병, 조현형 정동장애, 양극성 정동장애, 반복성 우울장애
		자폐성장애	소아자폐 등 자폐성 장애

장애인 등록절차는 다음 |그림 7-1|과 같다. 장애인등록 규정(장애인복지법 제32조)에 따르면 장애인으로 등록하고자 하는 자는 해당 주소지 관할 주민센터를 통해 장애등록 신청서를 접수해야 한다. 신청서 접수 후 해당 주민센터는 장애진단의뢰서를 발급하는데 장애등록 신청인은 의료기관 전문의사에게 장애인 진단 및 검사를 받은 후 관련 서류와 함께 장애심사를 해당 주민센터에 요청한다. 주민센터는 장애판정 전문기관인 국민연금공단 장애센터에 장애심사를 요청하고 국민연금공단은 심사결과를 다시 주민센터에 통보한다. 만약 장애등급이 판정될 경우, 신청자는 주민센터에서 장애인등록증을 교부받게 된다(한국복지교육원, 2019).

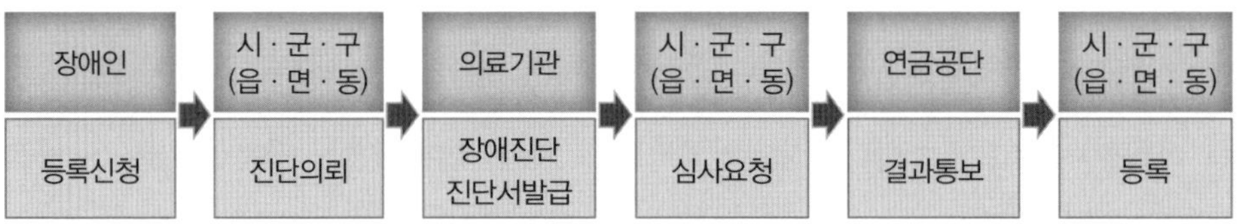

|그림 7-1| 장애인 등록 절차

2. 장애복지시설 종류 및 기능

장애인복지법 제58조(장애인복지시설)에 의하면 장애인복지시설의 종류는 다섯 가지 범주로 구분된다. 장애인복지시설은 장애인거주시설, 장애인지역사회재활시설, 장애인직업재활시설, 장애인의료재활시설, 그 밖에 대통령령이 정하는 시설(장애인생산품판매시설과 장애인쉼터)로 구분된다. 구체적인 장애인복지시설의 종류는 다음 〈표 7-4〉와 같다.

〈표 7-4〉 장애인복지시설 종류

거주시설	지역사회재활시설	직업재활시설	의료재활시설	생산품판매시설
1. 장애유형별 거주시설 2. 중증장애인거주시설 3. 장애영유아거주시설 4. 장애인단기거주시설	1. 복지관 2. 주간보호시설 3. 체육시설 4. 수련시설	1. 보호작업장 2. 근로사업장 3. 직업적응 훈련시설	의료재활시설	생산품판매시설

5. 장애인공동생활가정	5. 생활이동지원센터 6. 수화통역센터 7. 점자도서관 8. 점자도서관 및 녹음서 출판시설 9. 재활치료시설		

장애복지시설 현황을 살펴보면, 2019년 기준 거주시설이 1,557개소, 직업재활시설이 683개소, 지역사회재활시설이 1,486개소, 생산품판매시설 17개소, 의료재활시설 18개소가 설치되어 있다. 장애복지시설은 2011년 이후 꾸준히 증가하고 있으며, 구체적인 현황은 다음 〈표 7-5〉와 같다.

〈표 7-5〉 장애복지시설 현황 (단위 : 개소)

구 분	2011	2012	2013	2014	2015	2016	2017	2018	2019
거주시설	490	1,348	1,397	1,457	1,484	1,505	1,507	1,527	1,557
직업재활시설	456	478	511	541	560	682	625	651	683
지역사회재활시설	1,820	1,140	1,184	1,231	1,248	1,303	1,333	1,373	1,486
생산품판매시설	16	16	16	17	17	17	17	17	17
의료재활시설	17	17	18	18	18	20	19	19	18

출처 : 보건복지통계연보(index.go.kr).

1) 장애인거주시설

장애인거주시설은 거주 공간을 활용하여 일반가정에서 생활하기 어려운 장애인에게 일정 기간 동안 거주 · 요양 · 지원 등의 서비스를 제공하는 동시에 지역사회생활을 지원하는 시설이다. 장애인거주시설은 장애유형별 거주시설(지체장애인 · 시각장애인 · 청각언어 장애인 · 지적장애인 거주시설)과 중증장애인거주시설, 장애영유아거주시설, 단기거주시설 등으로 구분된다. 장애인거주시설 현황은 〈표 7-6〉과 같다. 지체장애인거주시설은 점차 감소하고 있는 반면, 단기거주시설과 공동생활가정이 증가하고 있음을 볼 수 있다.

〈표 7-6〉 장애인거주시설 현황 (단위 : 개소)

구 분	2011	2012	2013	2014	2015	2016	2017	2018	2019
지체장애인 거주시설	39	40	39	44	39	40	39	33	33
시각장애인 거주시설	15	16	16	15	16	17	17	16	15
청각언어장애인 거주시설	9	8	8	7	7	7	7	7	7
지적장애인 거주시설	226	278	293	309	321	317	313	320	313
중증장애인거주시설	191	201	216	223	233	233	233	239	251
장애영유아거주시설	10	10	9	9	10	9	9	9	9
단기거주시설	-	128	131	137	141	146	147	150	159
공동생활가정	-	667	685	713	717	736	752	753	770

출처 : 보건복지통계연보(index.go.kr).

(1) 장애유형별 거주시설

장애유형별 거주시설은 장애유형이 같거나 또는 유사한 장애를 가진 사람들에게 주거 · 일상생활 · 지역사회생활 등의 서비스를 제공하는 시설이다. 종류에는 지체 · 뇌병변장애인 거주시설, 시각장애인 거주시설, 청각 · 언어장애인 거주시설, 지적 · 자폐성장애인 거주시설이 있다.

(2) 장애영유아거주시설

장애영유아거주시설은 6세 미만의 장애유아를 보호하고 재활에 필요한 주거 · 일상생활 · 지역사회생활 · 요양 등의 서비스를 제공하는 시설이다.

(3) 장애인단기거주시설

장애인단기거주시설은 장애인에게 일정 기간 주거 · 일상생활 · 지역사회재활 등을 제공하고 아울러 장애인을 돌보는 보호자의 단기간 휴식을 제공하는 시설이다.

(4) 장애인공동생활가정(그룹홈)

장애인공동생활가정은 지역사회 내 일반 주택을 이용하여 장애인들이 스스로 사회에 적응하도록 가정생활 · 사회활동 등의 자립생활을 지원하는 시설을 의미한다.

2) 장애인 지역사회재활시설

장애인 지역사회재활시설은 장애인을 전문적으로 상담 · 치료 · 훈련하거나 장애인의 일상생활, 여가활동 및 사회참여활동 등을 지원하는 시설이다. 장애인 지역사회재활시설에는 복지관, 주간보호시설, 체육시설, 생활이동지원센터, 수어통역센터, 수련시설, 점자도서관, 점자 및 출판시설이 있으며 구체적인 현황은 〈표 7-7〉과 같다.

〈표 7-7〉 장애인 지역사회재활시설 현황 (단위 : 개소)

구 분	2016	2017	2018	2019
복지관	231	237	241	254
주간보호시설	663	690	724	769
체육시설	34	33	33	28
생활이동지원센터	159	157	159	164
수어통역센터	194	194	195	164
수련시설	0	1	1	1
점자도서관	20	20	19	21
점자 및 출판시설	2	1	1	2

출처 : 보건복지통계연보(index.go.kr).

3) 장애인 직업재활시설

장애인복지시설 현황에서 보듯이 장애인직업재활시설은 일반 작업환경에서는 일하기 어려운 장애인이 특별히 준비된 작업환경에서 직업훈련을 받거나 직업생활을 할 수 있도록 하는 시설이다. 직업훈련 및 직업생활을 위하여 필요한 제조 · 가공시설, 공장 및 영업장 등 부속용도의 시설로서 보건복지부령으로 정하는 시설도 이에 포함된다.

4) 장애인 의료재활시설

장애인의료재활시설은 장애인을 입원 또는 통원하게 하여 상담, 진단 판정, 치료 등 의료재활서비스를 제공하는 시설이다.

5) 장애인 생산품판매시설

장애인 생산품판매시설은 장애인복지법 제58조 제1항 제5호에서 "대통령령으로 정하는 시설"로서 전국 주요 도시에 장애인생산품의 판매촉진과 홍보를 위하여 17개의 장애인 생산품판매시설을 운영하고 있다. 장애인생산품 판매시설은 장애인의 경제적 자립 촉진 및 안정적 일자리를 제공하기 위해 장애인생산품의 유통, 판로개척, 홍보, 정보제공, 상담 등을 지원하고 있다. 오프라인 매장 운영뿐만 아니라 온라인 판매까지 활발하게 이루어지고 있다.

3. 장애복지 분야 특성 이해 및 실습 유의사항

장애복지시설에서 장애인거주시설이 가장 많고, 장애인 지역사회재활시설에서는 장애인복지관과 주간보호시설이 많이 차지하고 있으므로 이를 중심으로 장애복지 분야 실습의 유의사항을 살펴보고자 한다.

1) 장애복지 분야 특성 이해

(1) 장애인거주시설

장애인거주시설은 거주공간을 활용하여 일반가정에서 생활하기 어려운 장애인에게 일정 기간 동안 거주 · 요양 · 지원 등의 서비스를 제공하는 동시에 지역사회생활을 지원하는 시설을 의미한다. 장애거주시설의 특성은 이용대상자, 이용절차와 시설서비스 내용을 통해 살펴보고자 한다(한국장애인복지시설협회, www.kawid.or.kr).

① 이용대상자

우선 입소대상자는 장애인 중 국민기초생활보장수급자 및 부양자가 없어 부양을 받을 수 없는 자로서 서비스지원 종합조사[1]에서 일정한 점수에 해당하여야 한다. 장

1 서비스 지원 종합조사 결과는 시설 입소를 위한 최소한의 요건으로 지방자치단체 상황 혹은 지방 장애인복지위원회 등에서 적격성 여부를 심사하여 결정한다.

애영유아거주시설, 장애인단기거주시설, 장애인공동생활가정은 서비스지원 종합조사 점수와 관계없이 입소가 가능하다.

〈표 7-8〉 장애인거주시설 유형

시설종류	대상	서비스지원 종합조사 기능제한 점수
중증장애인거주시설	성인	240점
	아동	190점
장애유형별거주시설	성인	120점
	아동	110점

출처 : 한국장애인복지시설협회(www.kawid.or.kr).

② 주요 제공서비스

개별지원 서비스로는 이용자가 스스로 일상생활을 할 수 있도록 지원하며 자립생활기술을 유지 · 개발할 수 있는 기회와 지역사회 내의 관련 서비스 자원을 활용한 기회를 제공한다. 이용자의 생애주기를 고려한 교육과 직업훈련 기회를 제공하며, 체계적인 진로지원 서비스를 제공한다. 그리고 지역사회 서비스와 시설, 지역사회 활동에 필요한 지식 등을 제공한다.

(2) 장애인주간보호센터

장애인주간보호서비스는 "중증장애인에게 낮 시간 동안 재활 프로그램 및 교육 등의 기회를 제공하고 또한 장애인 가족구성원이 안심하고 사회경제활동을 영위할 수 있도록 하는 시설"로 규정되어 있다(보건복지부, 2020). 최근 현장에서는 장애인주간보호시설이 장애인에 대한 단순한 보호 차원이 아닌 교육, 문화여가 활동, 사회활동을 지원하기 위한 개별화된 서비스를 지향하면서 이용자 개인의 욕구에 맞는 다양한 방식으로 제공하려고 노력하고 있다(이병화 외, 2020).

① 이용대상자

경기복지재단에서 실시한 2020년 장애인 주간보호시설 운영 실태조사에 의하면, 이용자는 남성 비율이 높고, 20대가 많으며 지적장애가 절반 이상을 차지하는 것으로 나타났다. 중복장애유형은 지적, 언어, 뇌병변, 자폐성 등 다양하게 나타났다.

일반적으로 지적장애인에 대하여 장애 정도가 얼마나 심한가를 지적 기능 수준(IQ)에 따라 경도(mild), 중등도(moderate), 중도(severe), 최중도(profound)와 같이 분류해 왔으나, 미국정신지체협회(2002)는 이러한 개인의 결함에 초점을 맞춘 분류체계를 적용하지 않고, 지적장애인이 필요로 하는 지원의 강도에 따른 네 가지 수준을 제안하였는데, 간헐적 지원(필요한 경우에만 제원이 제공되고, 특성상 단속적이며 지속시간은 짧다), 제한적 지원(간헐적 지원보다는 지원의 시간이 길지만, 지원의 강도가 그리 크지는 않다), 확장적 지원(특정 환경에서 규칙적인 지원이 제공되며, 지원의 시간은 제한되지 않는다), 전반적 지원(지원의 강도가 높고, 지속적이며, 장소를 제한하지 않는다. 특성상 평생 지속될 수 있다)이 바로 그것이다(김동일 외, 2019). 이를 표로 나타내면 다음과 같다.

〈표 7-9〉 지적장애의 심각도에 따른 분류

분 류	학업	일상생활	직업	지원강도
경도	2~5학년 성취	높은 수준의 독립	전체 또는 일부지원	간헐적 지원
중등도	기능적 단어의 인식과 수학기술	일부 감독하에 대부분의 자기보호와 지역사회 이동가능	일부지원을 통한 지역사회 고용	제한적 지원
중도	취학적 또는 유치원 기술 (숫자 세기와 색 인지)	높은 감독	감독하의 지역사회 또는 작업장	확장적 지원
최중도	모든 기본적 욕구에 대한 보호요구			전반적 지원

출처 : 정동영 외 공역(2008). 정신지체 : 지역사회 통합을 위한 접근 재구성.

② 주요 제공서비스

장애인 주간보호시설은 장애인 생활시설, 장애인 복지관 등과는 분리하여 단독시설로 운영하는 것을 기본원칙으로 한다. 장애인 주간보호시설에서 수행사업에는 일상생활 지원, 여가활동 지원, 교육과 훈련 지원, 지역사회적응활동 지원, 특별활동(여행, 캠프 등) 지원, 자원봉사자 개발 및 실습생 교육지도, 교통편의, 가족지원 서비스 등이 있다.

(3) 장애인복지관

장애인복지관은 장애인들의 교육, 직업, 치료뿐만 아니라 지역사회복지센터의 역할 등 종합적이고 복합적인 기대 속에 설치되었다. 그동안 다양한 외부 재원의 복지관 유입을 위한 자원 동원 노력 등 장애인복지관 관련된 전방위적인 노력을 통해 크게 성장하였으며(변용창 외, 2005), 장애인복지 핵심 전달체계로서 오랜 시간 역할 수행은 긍정적으로 평가되고 있다. 최근 탈시설 정책과 지역사회 중심 복지서비스 추진으로 당사자 및 가족을 위한 심리지원 서비스 제공, 지역사회서비스의 실질적 확대, 민관협력을 통한 사례관리 등의 역할이 강조되고 있다(이송희, 2019).

① 이용대상자

장애인복지관은 지역 거주 장애인 당사자 및 가족을 대상으로 운영된다.

장애인복지관은 중증장애인에 대한 서비스를 우선적으로 제공하여야 하며, 정당한 사유 없이 타 유형의 장애인 또는 중증장애인에 대한 서비스를 거부할 수 없다. 지역 거주 장애인 당사자 및 가족을 대상으로 운영된다(보건복지부, 2021a).

② 주요 제공서비스

관할지역 내 장애인의 복지증진을 위해 종합적인 재활과 자립지원서비스를 제공하는 장애인복지센터로서의 기능과 역할을 위해 다음과 같은 서비스를 선정하여 수행할 수 있다(보건복지부, 2021a).

〈표 7-10〉 장애인 복지관의 주요 기능 및 서비스

구 분	주요 기능	주요 사업 내용
1	상담 · 사례관리	사례발굴, 접수 및 사정, 개입계획, 개입, 지역회의
2	기능강화지원	운동 · 지각, 의사소통, 학습능력, 사회적응력 향상
3	장애인가족지원	상담 및 교육, 가족기능강화, 양육지원, 여성장애인복지증진, 장애인 무료급식, 기타
4	역량강화 및 권익옹호 지원	역량강화 및 지역사회참여 활동지원, 권익옹호, 정보제공, 수어 관련

5	직업지원	직업상담 및 평가, 전환교육, 직업적응 및 역량개발훈련, 사업체 개발 및 관리, 기타
6	지역사회 네트워크	지역사회장애인복지 서비스 개발 및 지원, 지역의 사회통합환경 조성, 주민조직 지원, 민관협력 네트워크 구축, 지역자원 개발 및 관리
7	평생교육지원	상담 및 프로그램 개발, 기초문해 및 학력보완교육, 문화예술 및 인문교육, 시민참여 교육
8	사회서비스 지원	장애인활동지원, 장애아동 재활치료, 기타

출처 : 보건복지부(2021a). 2021년 장애인복지시설 사업안내(제3권), pp. 211-214 재구성.

2) 장애인복지 분야 실습 유의사항

장애인복지 분야에서 실습을 실시하면서 많은 실습생들이 장애인에 대한 편견에서 벗어났음을 고백하며 장애인복지 분야에 더욱 관심을 갖게 되는 경우가 많다. 장애인 복지정책의 주요한 개념은 정상화(normalization)과 통합화(integration)에 대한 실천이다. 장애인의 보호와 통합적인 생활지원 차원에서 복지서비스가 실현되도록 실천 현장이 움직이고 있다. 장애인복지 분야에서 실습을 하면서 실습생들이 장애인에 대한 지역사회의 편견을 제거하고, 우호적인 사회 분위기 조성에 힘쓰며, 장애인복지 분야에 더욱 관심을 지녀서 장애인에 대한 사회적 제도의 개선과 보완에 힘을 실을 수 있기를 기대한다. 일반적인 장애인복지 분야 실습에 필요한 유의사항은 다음과 같다.

첫째, 장애인을 장애라는 틀로 바라보는 편견에서 벗어나야 한다. 장애인도 한 인간으로서 삶의 궤적이 있으며 각자의 향기와 색깔을 지니고 있다. 장애라는 틀 안에서 장애 유형만으로 바라본다면 온전히 장애인 당사자와 만날 수 없다. 인간의 존엄에 대한 관점을 점검하고 실습에 임하는 자세가 필요하다.

둘째, 장애인의 장애 특성과 그 수준에 따른 사전지식이 필요하다. 장애복지시설마다 시설의 설립목적과 기능이 다르므로, 실습생은 실습기관의 주요 이용자와 가족의 특성을 이해하고, 기관의 제공 서비스 과정을 이해하기 위해 장애인의 특성과 지원 절차와 서비스에 대한 충분한 지식을 갖추도록 한다.

셋째, 장애인과 사회복지사의 관계는 수평적임을 기억해야 한다. 장애인은 취약한 존재이므로, 무조건 도움을 받는 입장에 있는 것이 아니다. 사회복지사는 장애인을 대신하여 수행하는 전문가가 아니다. 장애인은 일상적인 생활을 누릴 수 있도록 지원을 받을 권리가 있으므로, 수평적인 관계를 유지하면서 다양한 정보와 서비스를 제공하고 상호작용하는 관계를 형성해야 한다. 따라서 과잉친절이나 과잉염려를 하기보다는 장애인이 무엇을 원하는지 잘 듣고 행동하는 것이 필요하다. 장애인은 장애와 관련된 도움을 받는 것에 대한 다양한 감정을 느낄 수 있다. 장애인의 특성을 충분히 이해하고 진정성 있는 태도로 관여하는 것이 요청된다.

실습생이 장애유형별 장애인을 만날 때 유의할 점은 다음과 같다.[2]

(1) 지체장애

지체장애인 경우, 보통 눈으로 장애인임이 드러나는 외부 신체장애를 의미하는데, 선천적 원인은 바이러스 감염이나 유전적인 문제 때문이고, 후천적인 원인은 각종 질병이나 교통사고, 산재로 인한 경우가 많다. 지체장애인들은 운동기능상의 어려움을 경험한다.

그러나 뇌손상이 없는 경우라면 지능발달과 무관하므로, 주변의 이해와 도움만 있다면 비장애와 다르지 않게 성장한다. 장애아동들에게는 장애로 인하여 부정적인 자아상을 갖지 않도록 지지하는 것이 필요하다. 또한 후천적으로 지체장애인이 된 경우에는 성인인 경우가 많은데, 장애를 갖기 이전의 생활방식과 신체 이미지를 현재 상황과 비교하고 상실감을 크게 느끼므로 스스로 장애를 수용할 수 있도록 기다릴 필요가 있다.

(2) 뇌병변장애

뇌병변장애의 경우, 뇌성마비, 외상성, 뇌손상, 뇌졸중 등 뇌의 기질적 병변으로 인하여 발생한 신체적 장애로 보행이나 일상생활의 동작 등에 상당한 제약을 받는

2 장애유형별 유의사항은 보건복지부(2019). 장애인과 함께하는 활동지원사 양성 교육과정. 보건복지부에서 발췌하여 정리함.

사람으로 정의되고 있다. 외상성 뇌손상은 주로 외부의 물리적 힘에 의해 뇌에 손상을 입어 인지, 지각, 신체적 기능을 상실하는 경우로, 남성이 여성의 4배에 이른다. 뇌병변장애인은 운동마비 또는 감각마비 등으로 인한 배뇨·배변 등이 어렵고, 근육의 협응이 어려우며, 통상적 운동발달을 경험하기 어렵다. 그 밖에 경련장애로 인한 약물복용이 다양한 후유증을 가져올 수 있으며, 욕창이나 변비 등의 문제를 겪을 수 있으므로 생활에서의 적절한 관리가 요구된다.

뇌병변장애인이라고 해서 성격상 장애까지 나타난다고 오해해서는 안 된다. 뇌병변장애인 개인이 자신의 장애를 어떻게 받아들이는가의 문제이고, 주변 환경이 얼마나 지지적인가에 따라 장애인의 심리적 어려움이 해소될 수 있으므로, 지지적인 접근이 요청된다.

(3) 지적장애

지적장애인의 경우, '정신 발육이 항구적으로 지체되어 지적 능력의 발달이 불충분하거나 불완전하고 자신의 일을 처리하는 것과 사회생활에 적응하는 것이 상당히 곤란한 사람'으로 정의된다. 지적장애인은 지적능력의 결함에 따라 말과 언어의 구사에 많은 어려움이 있다. 또한 주의집중력 및 단기기억력이 부족하고, 이에 따라 적응능력의 부족현상이 나타나기도 한다. 지적장애인은 주의집중의 3요소, 즉 주의집중지속시간, 주의집중의 범위와 초점, 선택적 주의(중요한 자극 특성의 변별)에 심한 곤란을 가지며, 일반적으로 장기적으로는 정보를 공유하지만, 단기기억 분야에서의 한계를 가지고 있다. 이에 따라 중문이나 복문보다는 단문을 사용하고, 짧게 이야기하는 것이 바람직하며, 한 문장에서 두 가지 이상을 묻지 않는 것이 바람직하다.

지적장애인의 대인관계가 원만하지 못하고 여러 상황에 적응하지 못할 수 있는 것은 적응능력이 부족하기 때문이다. 특히 자기지향성, 책임감, 사회적 기술 등이 부족하여 부적절한 행동을 하게 되고 이로 인해 주위 사람들로부터 거부당하는 것을 볼 수 있는데, 이러한 거부는 비장애인들이 지적장애인에 대한 행동의 부적절성을 의식하는 데서 비롯된다. 이에 따라 경청하려는 자세, 긍정적인 자세가 필요하고, 말을 이해하기 어렵다고 하여도 얼굴을 찡그리는 등의 행동을 삼가는 것이 바람직하다.

(4) 자폐성장애

우리나라 장애인복지법에서는 자폐성장애인은 '소아기 자폐증, 비전형적 자폐중에 따른 언어 · 신체표현 · 자기조절 · 사회적응 기능 및 능력의 장애로 인하여 일상생활이나 사회생활에 상당한 제약을 받아 다른 사람의 도움이 필요한 사람'으로 정의하고 있다. 현재 우리나라는 국제질병분류은 ICD-10의 진단지침에 따라 진단명이 전반적 발달장애(pervasive developmental disorders : F84)인 경우에 자폐성장애라고 판정하고 있다. 즉, 소아기자폐증을 포함하여, 비정형 자폐증, 레트 증후군, 아스퍼거 증후군 등을 모두 포괄하고 있다. 지적장애와 자폐성장애의 주요 특성은 비슷하지만, 지능이 낮은 자폐성장애인의 경우 사회적 발달에 더 심한 손상을 보이고, 상동행동과 자해행동 등 도전적 행동을 더 많이 하는 것으로 보인다.

일반적으로 자폐성장애인은 다른 사람의 기분이나 존재에 대해 개의치 않는 경향이 있다. 자폐성장애인이 편안하게 느낄 수 있도록 심리적인 안정감을 주도록 노력할 필요가 있다. 또한 이들의 말을 경청하려는 노력이 필요하고, 천천히 말하고, 쉬운 용어를 사용하며, 이중적 의미를 최소화하고, 단문으로 말하는 것이 필요하다. 상동행동을 하거나 약간 어색한 행동을 하는 것은 환경이 불안정하다고 느끼기 때문이므로, 이때는 당황하지 말고 긍정적인 관심을 갖고 응대할 필요가 있다. 겁을 먹었을 경우 또는 제지당할 경우 오히려 행동이 더욱 커지는 등의 문제가 발생할 수도 있으므로, 자폐성 장애인이 환경에 적응할 수 있도록 시간을 주고 기다리는 것이 필요하다.

발달장애인 권리선언

발달장애인은 일반시민과 동등한 국민으로 아래의 권리를 선언합니다.

1. 발달장애인은 국민으로서 일반 시민과 동등한 기본적 권리를 가진다.
2. 발달장애인은 그 상태가 아무리 심하다 할지라도 그의 능력과 가능성을 최대한도로 발전시킬 수 있도록 적절한 의학적 조치와 교육, 훈련, 재활 및 지도를 받을 권리를 가진다.
3. 발달장애인은 안정된 경제생활을 보장받을 권리가 있다. 또한 생산적이며 뜻있는 직업에 종사할 권리를 가진다.
4. 발달장애인은 가족들과 함께 살 권리가 있다. 또한 모든 사회생활에 참가하여 여가를 즐길 수 있는 조치가 마련되어야 한다. 발달장애인과 동거하는 가족들은 부조를 받아야 한다. 만일 시설에서의 양호가 필요한 자라면 그 시설은 최대한도로 가정적 분위기가 조성되어야 한다.
5. 발달장애인은 자기의 개인적인 복지나 이익을 보호하기 위해 필요할 때는 자격 있는 후견인을 가질 권리가 있다.
6. 발달장애인은 착취와 남용과 학대로부터 보호를 받을 권리가 있다. 만일 고소를 당한다면 그의 심신상의 책임능력을 충분히 인정하여 공정한 재판을 받게 해야 한다.
7. 발달장애인은 중증으로 그 모든 권리를 유용하게 행사할 수 없을 경우 또는 그 권리의 일부나 전부가 제한되거나 배제할 필요가 생겼을 경우에 이에 적응하는 절차가 법적으로 보장되어 있어야 한다.

출처 : 서울특별시지적발달장애인복지협회(www.saidd.or.kr).

CHAPTER 08

지역사회복지 분야 실습

1. 지역사회복지 개괄

1) 지역사회복지 개념

지역사회복지란 지역사회 주민들의 복지를 증진하기 위하여 개인, 가족, 지역사회 등에 바람직한 변화를 일으키고자 하는 전문적인 사회복지의 한 방법이다. 지역사회의 복지향상을 위하여 전문인력이 지역사회 수준에 개입하여 지역사회에 존재하는 각종 제도에 영향을 주고, 지역사회의 문제를 예방하고 해결하고자 하는 사회적 노력을 의미하며, 지역사회에 대하여 개선을 목적으로 주민 주체의 원칙에 입각하여 정부, 주민조직, 민간단체 등이 협력하여 소득보장, 주거, 보건의료, 교육, 문화, 노동정책 등 공공정책과 함께 종합적이고 조직적으로 원조해 주는 지역활동을 일컫는다.

지역사회복지의 영역은 '개인의 문제'에 대한 지역사회 수준의 개입보다는 '사회 전체 집단이 공유하고 있는 문제'를 해결하기 위한 일종의 중범위 이상의 방법론적 접근을 의미한다.

지역사회는 지역적 특성에 의한 특수성과 분리성을 강조한 지리적 의미의 지역사회와 복지, 농업, 종교, 교육 등 공동의 관심과 기능을 함께하는 사람들의 집단들이 동질성에 의한 심리적인 측면을 강조하는 기능적 지역사회로 나누어 볼 수 있다. 기능적 지역사회복지는 사회적 · 문화적인 동질성, 합의성, 자조성 또는 다른 집단 행위와 상호작용을 중요시한다.

2) 지역사회조직(Community Organization)

사회사업의 한 가지 실천방법으로서 지역사회를 구성하는 개인, 집단, 이웃 등이 지역복지를 향상시키기 위해 지역사회 수준에서 전개하는 일련의 활동으로, 이 개념은 사회사업의 전통적 분류방법인 개별지도, 집단지도, 지역사회조직이라는 3대 방법에서 나온 것이다.

3) 지역사회복지실천의 정의

지역사회집단, 조직과 제도, 지역사회 주민들 간의 관계와 상호작용유형을 변화시키는 실천기술의 적용이라고 할 수 있으며, 지역사회의 변화를 위한 전문적이고 직접적인 개입을 의미하는 거시적인 사회복지실천활동의 일부를 이야기한다. 거시적인 실천활동은 지역사회 주민들의 상담, 치료 등과 같은 미시적 실천 활동과 연관될 수밖에 없으므로 지역사회복지실천이 거시적 실천에만 국한되는 것은 아니다. 따라서 지역사회조직가, 계획가, 사회행동가 등과 같은 거시적 사회복지사뿐 아니라 직접적인 서비스 제공자나 임상사회복지사도 지역사회복지실천과 관련된 지식과 기술을 필요로 한다.

4) 지역사회운동

자본주의 축적과정, 국가의 역할, 불평등한 자원분배에 대한 변혁적 운동이자 정치적 운동으로 지역노동운동, 지역사회운동, 지역환경운동이 생겨났다. 원인 면에서 보면 저임금, 열악한 작업조건으로 인해 지역노동운동이 생겨났고, 생활수단의 부족과 열악성이 지역사회운동을 일으켰으며, 자원의 고갈 · 부족, 환경파괴, 오염을 해결하고자 지역환경운동이 생겨났다.

5) McNeil의 사회복지실천의 7대 원칙

- 지역사회조직은 주민의 욕구에 관심을 갖는다.
- 지역사회조직의 일차적인 클라이언트는 지역사회이다.
- 지역사회는 있는 그대로 이해되고 수용되어야 한다.
- 지역사회의 모든 사람은 보건과 복지서비스에 관심을 갖는다.
- 모든 사회복지기관과 단체는 상호의존적이어야 한다.
- 과정으로서의 지역사회조직은 사회사업의 한 방법이다.
- 지역사회주민들의 욕구와 관계는 계속 변화한다.

6) Johns와 Demarche의 사회복지실천에 대한 견해

- 지역사회조직은 수단이지 목적이 아니다.
- 개인, 집단처럼 지역사회는 상이하며 자기결정의 원리를 갖는다.
- 사회적 욕구는 지역사회조직의 토대이며, 사회복지관은 자체의 이익보다 지역사회복지를 우선시한다.
- 조정이란 성장을 위한 과정이며 지역사회조직을 수행하기 위한 구조는 단순해야 한다.
- 지역사회서비스는 공평하게 분배되어야 하고 문제해결방법에 있어 다양성이 존중되어야 한다.
- 복지기관 협의체는 광범한 이익이 반영되어야 하고 지역사회는 전문가가 필요하다.
- 지역사회 내의 집단 간에 의사소통이 이루어져야 한다.
- 지역사회복지기관의 효율적인 운영과 사업을 위해 집중과 분산 간의 균형이 있어야 한다.

7) 지역사회복지실천의 일반적 원칙

- 지역사회의 자주성 중시의 원칙
- 과정지향의 원칙

- 조정의 원칙
- 합의의 원칙
- 능력부여자로서 역할의 원칙

2. 지역사회복지기관 유형

1) 사회복지관

지역사회 내에서 시설과 전문인력을 갖추고 지역사회자원을 동원하여 지역사회 문제를 예방, 해결하고 주민의 복지욕구를 충족시키기 위한 종합적인 사회복지사업을 수행하고, 지역사회 주민들의 연대감을 조성하는 매체로서 주민들의 복지증진을 위한 종합복지센터의 역할을 수행하는 사회복지기관이다. 2022년 1월 4일 기준, 전국복지관 475개소, 가형 222개소, 나형 205개소, 다형 48개소 운영 중이다. 지역별로는 강원 18개소, 경기 86개소, 경남 30개소, 경북 15개소, 광주 20개소, 대구 27개소, 대전 21개소, 부산 53개소, 서울 99개소, 울산 8개소, 인천 20개소, 전남 14개소, 전북 17개소, 제주 10개소, 충남 · 세종 24개소, 충북 13개소이다.

〈표 8-1〉 규모별 사회복지관 현황

구 분	개소수(회원기관수)
가형(건평 2,000㎡ 이상)	222(203)
나형(건평 1,000㎡~2,000㎡ 미만)	205(201)
다형(건평 1,000㎡ 미만)	48(47)
총 계	475(451)

〈표 8-2〉 지역별 사회복지관 현황

시/도	서 울	부 산	대 구	인 천	광 주	대 전	울 산	경 기
개수	99	53	27	20	20	21	8	86
회원기관수	99	53	27	20	20	21	8	80

시/도	강 원	제 주	충 북	충남 · 세종	전 북	전 남	경 북	경 남
개수	18	10	13	24	17	14	15	30
회원기관수	16	12	21	17	13	15	19	10

〈표 8-3〉 연도별 사회복지관 현황

연 도	1981	1982	1983	1984	1985	1986	1987	1988	1989	1990
개수	20	20	23	26	29	31	36	39	61	88
연 도	1991	1992	1993	1994	1995	1996	1997	1998	1999	2000
개수	160	175	250	254	297	312	329	322	330	348
연 도	2001	2002	2003	2004	2005	2006	2007	2008	2009	2010
개수	350	360	369	379	391	397	408	414	419	425
연도	2011	2012	2013	2014	2015	2016	2017	2018	2019	2020
개수	433	436	439	442	452	459	464	465	467	475
연 도	2021									
개수	475									

〈표 8-4〉 운영주체별 사회복지관 현황

사회복지 법인	사단 법인	재단 법인	의료 법인	학교 법인	협동 조합	시설관리 공단	지자체 직영
331	24	60	2	15	7	5	31

2) 재가복지봉사센터

가족부양기능이 취약한 계층을 대상으로 재가복지서비스를 제공하기 위하여 장애인, 노인, 소년소녀가정, 모자가정 등 요보호대상자들에게 가사 원조, 간병, 정서적 지원, 결연 등 각종 사회복지서비스를 제공하기 위해 1992년부터 기존의 사회복지관, 장애인복지관, 노인복지관 등에 전담인력과 장비 등 사업비를 추가로 지원하여 복지관 부설형태로 설치 · 운영되고 있다.

(1) 주요 역할

조사 · 진단, 서비스 제공, 지역사회자원 동원 및 활용, 사업평가, 교육기관, 지역사회 연대의식을 고취한다.

(2) 제공 서비스

가사서비스, 간병서비스, 정서적 서비스, 결연서비스, 의료서비스, 훈련, 취업알선 등 자립능력 배양 서비스, 주민교육서비스, 기타 사회복지관 내 시설을 활용한 서비스 등을 제공한다.

3) 지역사회보장협의체

지역사회보장협의체는 「사회보장급여의 이용 · 제공 및 수급권자 발굴에 관한 법률」 및 해당 지역사회보장협의체 운영조례에 의거하여 지역 안의 사회복지사업에 관한 중요사항 및 지역사회보장계획을 심의 · 건의하고 사회복지, 보건의료 관련기관, 단체가 제공하는 사회복지서비스 및 보건의료서비스의 연계 협력을 강화하기 위한 민관 협력 기구다.

법적 근거로는 「사회보장급여의 이용 · 제공 및 수급권자 발굴에 관한 법률」 제41조, 지역사회보장협의체 운영조례 등을 들 수 있으며, 지역사회보장 계획의 수립, 시행, 평가에 관한 사항, 사회복지 및 보건의료 서비스의 연계 · 협력에 필요한 사항, 지역주민의 복지욕구조사, 지역 내 복지자원 조사 및 개발에 관한 사항 등을 다룬다.

주요 사업으로는 지역사회보장협의체 운영, 대표 협의체, 실무협의체, 실무분과 운영 및 분과사업 운영을 들 수 있고, 실무분과는 지역사회보장계획 등 지역사회복지정책 검토 및 심의, 통합서비스사업, 사례관리, 지역자원 연계, 지역대회, 워크숍, 세미나 등 지역복지 역량강화, 지역복지 자원개발, 연계 및 협력 등을 한다. 사회복지사업법 18조에 의거 관내 사회복지법인 외부이사 추천, 복지박람회, 후원자 감사행사 등 민관 협력 네트워크 사업, 외부공모사업 운영, 사회복지공동모금회 사업 등 외부지원 사업 기획 및 운영을 한다.

2003년 사회복지사업법을 개정하여 2005년부터 설치, 운영하도록 한 지역사회복지협의체가 전신이다.

4) 지역사회복지협의회

한국사회복지협의회와 각 시 · 도에 지방사회복지협의회가 있다. 2003년 개정된 사회복지사업법에 따라 시 · 군 · 구 사회복지협의회는 사회복지법인으로서 법적 근거를 마련하여 사회복지기관 간 교류협력뿐 아니라 푸드뱅크 등 주민밀착형 사업을 수행한다. 지역사회복지협의회의 주요 원칙으로는 주민욕구중심의 원칙, 주민참여의 원칙, 전문성의 원칙, 민간 비영리성의 원칙, 민관 협력의 원칙, 지역특성 존중의 원칙이 있다.

(1) 지역사회복지협의회의 기능

지역사회복지활동 기능, 연락 · 조정 · 협의기능, 지원 · 유지기능 등이다.

(2) 사회복지협의회의 기능

조사연구기능, 사회복지기관회의를 통해 활동계획, 프로그램 개발 및 교환, 협력할 수 있도록 조정하는 기능, 지역사회복지를 위한 중추적 센터기능, 사회복지에 관한 공동계획을 수립하고 홍보하는 기능, 정보 제공, 교육 및 홍보, 사회복지 분야의 재정상태 개선을 위한 활동, 공공이슈에 대한 입장을 제시하거나 특수계층의 복지에 관한 입법대안 제시기능이 있다.

5) 사회복지공동모금회

사회복지공동모금회는 사회복지사업 및 기타 사회복지활동을 지원하기 위하여 국민의 자발적 성금으로 모금된 재원을 효율적으로 관리, 운용함으로써 사회복지 증진에 이바지하기 위해 사회복지공동모금회법에 의하여 설립된 민간비영리조직이다. 사회복지공동모금법이 1999년에 사회복지공동모금회법으로 개정되어 지원대상 사업의 적용범위가 사회복지사업 및 기타 사회복지활동으로 확대되고 개별 독립법인이던 지역공동모금회가 공동모금회 지회로 전환되었다. 사회복지공동모금의 특성으로는 봉사활동으로서의 민간운동이고, 지역사회 중심이며, 효율성과 일원화를 추구하고, 공표하며, 전국적 협조를 추구한다는 점을 들 수 있다.

사회복지공동모금회의 사업은 모금사업(연말연시 집중모금, 연중모금)과 배분사업(신청사업, 기획사업, 지정기탁사업, 긴급지원사업)으로 구분된다.

3. 지역사회복지 실천모델

〈표 8-5〉 Rothman과 Tropman의 지역사회 조직 모델의 특성

구 분	지역사회 개발	사회계획	사회행동
활동의 목표	자조 : 지역사회의 통합과 능력의 향상 과정지향적	실제적 지역사회의 문제해결 과업지향적	기본적인 제도의 변혁 과업 · 과정의 병행
구조 문제에 관한 가정	지역사회의 아노미의 상태 제 관계의 결핍과 민주적 해결능력 결여 정적이며 전통적인 지역사회	실제적인 제 사회문제 정신적 · 육체적 건강문제, 주택, 레크리에이션 문제	불리한 상황에 있는 인구집단 사회적 불공평 · 박탈 · 불평등
기본적인 변화전략	문제의 결정 · 해결에 관여된 자들의 광범위한 참여	문제에 관련된 사실의 수집 가장 합리적인 방안의 결정	대상집단에 압력을 가함 집단의 행동을 위한 사람의 조직화
변화를 위한 전술기법	합의 · 집단토의 지역사회 제 집단 간의 의사소통을 가짐	합의 혹은 갈등	갈등 또는 경쟁 대결 · 직접적인 행동 협상
사회복지사의 역할	조력가 · 조정가로서의 역할 문제해결 기술과 윤리적	분석자 · 전문가 역할 프로그램수행 촉진자	대변자 · 행동가
변화 매개	과제지향적 소집단 간 합리적 조종	공식집단의 조종, 자료의 조종	대중조직의 조종, 정치적 과정의 조종
권력자에 대한 견해	공동노력의 협상자	전문가의 후원자 혹은 고용자	수정되어야 할 외부의 행동 표적
클라이언트 체계의 경계	모든 공동체	모든 공동체 혹은 공동체 내 특수지역이나 일부계층	일부 공동체

집단 간 이해관계에 대한 전제	상호조화 : 합리적 설득이나 대화 가능	실용적 문제해결 접근	조화 불가능 : 입법이나 정치적 사회적 영향력을 행사할 필요
클라이언트 집단	잠재력을 가진 주민	소비자	체계의 희생자
클라이언트의 역할	참여자	소비자, 수혜자(recipient)	고용인, 성원, 수익자(beneficiary)

출처 : 윤철수 외(2021). 사회복지개론, p. 150.

사회복지사에게 지역사회 개입방법을 안내하는 역할을 수행하는 것으로서 각각의 실천모델은 지역사회복지 실천영역에서 지역사회 개입방법들을 비교하고 특정 상황에서 필요로 하는 적정모델을 선택하는 데 도움을 준다.

Rothman과 Tropman은 지역사회실천모델을 지역사회개발, 사회계획 및 정책, 사회행동모델로 구분하였다. 이들은 이 세 가지 모델이 이념형적 분류이며, 실제로는 세 모델 간에 다양한 조합이 가능하여 혼합된 형태가 활용될 수 있다는 점을 강조하였다.

4. 지역사회복지 실천기술

1) 지역사회복지의 과정

지역사회복지의 실천과정은 복지욕구조사 및 분석, 계획수립, 실행, 평가 및 환류의 단계로 이어지며, 지역사회복지의 문제해결은 문제발견 및 분석, 정책 및 프로그램 개발, 프로그램 실시, 평가의 과정을 거친다.

2) 지역사회복지실천을 위한 기술

지역사회복지실천을 위한 기술은 지역사회 실천모델에 따라 다양하다.

① **조직화기술** : 지역사회 전체 또는 일부 집단을 하나의 역동적인 실체(unity)로 만들어 나가는 기술

② 연계기술 : 지역사회 구성원들의 관계를 강화하여 사회적 자산인 네트워크를 형성해 내는 기술

③ 옹호/ 대변기술 : 지역사회에서 정당한 처우를 받지 못하는 구성원을 위해 표적 집단에 강력한 영향력이나 압력을 행사하는 기술

④ 자원개발/ 동원기술 : 현존 자원만으로는 지역사회 내 문제 해결이 어려울 때, 참여를 촉진하여 자원을 확보하는 기술

⑤ 역량강화기술 : 문제 해결을 위해 개인의 신념을 향상시키며, 지역사회의 목표 달성을 위하여 지역사회의 능력을 증진하는 기술

⑥ 계획과 프로그램기술 : 지역사회 문제와 욕구를 파악하는 기술, 대안모색의 기술, 실행, 관리, 평가 기술은 물론, 프로포절 작성 기술 등을 통해 지역사회에 필요한 재화와 서비스를 제공하는 기술

3) 지역사회복지사의 자질과 역할

지역사회복지 전반에 관한 전문적인 지식, 가치, 기술과 사회적 책임감을 갖추어야 하며, 인간에 대한 가치를 인정하고, 3H, 즉 정열(Heart), 분석력과 통찰력(Head), 건강(Health), 문제발견 및 분석능력, 문제해결능력 등이 요구된다. 5C, 즉 상담가(Counselor), 분류가(Clarifier), 조정자(Coordinator), 개별사회사업가(Caseworker), 협력자(Copartner) 역할을 수행한다.

사회복지사의 역할(Rubin)

1. 교사

지도자가 될 수 있도록 가르친다.
지도력을 창출하고 가르친다.
올바른 질문을 할 수 있는 사람이다.

2. 촉진자

사람들의 활동을 자극하고 촉진한다.
공통의 문제를 찾아내고 지역사회 정신을 창출한다.
초기활동의 성공자의 관심과 활동을 유지시킨다.

3. 후원자

성원들의 조직활동 지속을 할 수 있도록 돕는다.
기술적 기법이나 지식에 기반한 조언을 한다.
조사연구, 기록, 정보를 제공한다.

4. 매개자

지역사회조직, 성원, 지역사회를 연결시켜 준다.
유관기관과 관계를 형성한다.

CHAPTER 09

정신건강 분야 실습

1. 정신건강과 정신질환 개념

1) 정신건강의 개념

정신건강(mental health)이란 마음이 건강한 상태로서 생각, 감정, 행동이 건강하고 건실한 상태로 정의된다(임정원, 2016). 세계보건기구(WHO)에서는 정신건강을 일상생활에서 독립적, 자주적으로 처리해 나갈 수 있고, 질병에 대해 저항력이 있으며, 가정생활과 사회생활을 원만히 할 수 있는 상태이자 정신적 성숙 상태라고 정의한다. 최근 UN(2020) 보고서에 의하면 정신건강이란 사람들이 삶의 다양한 스트레스에 잘 대처할 수 있는 정신적 안녕 상태(mental well-being)로서, 자신의 잠재력을 깨닫고 생산적으로 기능하며, 지역사회에 기여할 수 있는 상태를 의미한다.

정신질환(metal illness)은 신경증적(neurotic)인 것과 정신병적(psychotic)인 것을 포함하는 질병 관점의 개념이다. 전자는 불안, 공포 등 심인성에 기인하여 증상이 발생하며, 후자는 정신기능(인지, 지각, 생각, 정서 등)의 이상 상태에서 병적 현상이 발생한다. 즉, 정신질환은 사고, 정서, 행동, 타인과의 관계에서 비정상적 상태가 특징적으로 나타난다(WHO, 2013). 「정신건강증진 및 정신질환자 복지서비스 지원에 관한 법률」 제3조 제1호에 의하면, 정신질환은 사람의 사고, 감정, 행동 등에 영향을 미치는 병적인 정신상태를 의미하며, 망상, 환각, 사고나 기분의 장애 등으로 인하여 독립적으로 일상생활을 영위하는 데 중대한 제약이 있는 경우를 말한다.

2) 정신질환자의 개념

「정신건강증진 및 정신질환자 복지서비스 지원에 관한 법률」(2017년 5월 30일부터 시행)에서 정의하고 있는 정신질환자에 대한 개념을 소개하면 〈표 9-1〉과 같다.

〈표 9-1〉 정신질환자 개념

2015년	2017년
"정신질환자"라 함은 정신병(기질적 정신병을 포함한다) · 인격장애 · 알코올 및 약물중독 기타 비정신병적 정신장애를 가진 자를 말한다.	"정신질환자"란 망상, 환각, 사고(思考)나 기분의 장애 등으로 인하여 독립적으로 일상생활을 영위하는 데 중대한 제약이 있는 사람을 말한다(정신건강복지법 제3조 제1호)

장애인복지법에는 정신장애의 대표적인 몇 가지 유형만 언급하고 있어 모든 정신장애 유형이 포함되어 있지 않다. 장애인복지법은 '장애로 인해 일상생활 또는 사회생활을 하는 데 있어 상당한 제한을 받아 다른 사람의 도움이 필요한 사람'으로 적용대상을 한정하고 있다. 이로 인해 정신장애로 인해 어려움을 겪고 있는 모든 대상이 원한다고 해서 장애등록을 할 수 있는 상황이 아니며, 장애등록을 하지 못한 정신장애인은 장애인복지서비스를 이용할 수 없는 것이 현실이다.

– 장애인복지법 시행규칙[별표 1]–〈2021. 4. 13. 개정〉

2019년 7월부터 1~6급까지의 장애인등급제가 폐지되고, 장애인의 **장애정도를 장애의 정도가 심하지 않은 장애인**과 **장애의 정도가 심한 장애인**으로 구분하여 분류하고 있음.

8. 정신장애인(장애의 정도가 심한 장애인에 해당함)

가. 조현병 또는 뇌의 신경학적 손상으로 인한 기질성 정신장애로 망상, 환청, 사고장애 및

기괴한 행동 등의 양성증상이 있으나, 인격변화나 퇴행은 심하지 않은 경우로서 기능 및 능력 장애로 일상생활이나 사회생활에 간헐적으로 도움이 필요한 사람

나. 양극성 정동장애(情動障碍, 여러 현실 상황에서 부적절한 정서 반응을 보이는 장애)에 따른 기분 · 의욕 · 행동 및 사고의 장애증상이 심하지는 않으나, 증상기가 지속되거나 자주 반복되는 경우로서 기능 및 능력 장애로 일상생활이나 사회생활에 간헐적으로 도움이 필요한 사람

다. 재발성 우울장애로 기분 · 의욕 · 행동 등에 대한 우울 증상기가 지속되거나 자주 반복되는 경우로서 기능 및 능력 장애로 일상생활이나 사회생활에 간헐적으로 도움이 필요한 사람

라. 조현정동장애(調絃情動障碍)로 가목부터 다목까지에 준하는 증상이 있는 사람

출처 : 장애인복지법 시행규칙.

3) 정신질환의 종류

정신질환의 진단 및 통계 편람 제5판(Diagnostic and Statistical Manual of Mental Disorders, 5th edition, DSM-5)에 따르면 정신질환(mental disorder)은 내용은 다음 〈표 9-2〉과 같다.

〈표 9-2〉 정신질환의 종류

1. 신경발달장애(Neurodevelopmental Disorder)
2. 조현병 스펙트럼 및 기타 정신병적 장애(Schizophrenia Spectrum and Other Psychotic Disorders)
3. 양극성 및 관련 장애(Bipolar and Related Disorders)
4. 우울장애(Depressive Disorders)
5. 불안장애(Anxiety Disorders)
6. 강박 및 관련 장애(Obsessive-Compulsive and Related Disorders)
7. 외상 및 스트레스 관련 장애(Traumatic-and Stressor-Related Disorders)
8. 해리장애(Dissociative Disorders)
9. 신체증상 및 관련 장애(Somatic Symptom and Related Disorders)

10. 급식 및 섭식장애(Feeding and Eating Disorders)
11. 배설장애(Elimination Disorders)
12. 수면-각성장애(Sleep-Wake Disorders)
13. 성기능 부전(Sexual Dysfunctions)
14. 성별 불쾌감(Gender Dysphoria)
15. 파괴적, 충동조절 및 품행장애(Disruptive, Impulse Control, and Conduct Disorders)
16. 물질 관련 및 중독장애(Substance-Related and Addictive Disorders)
17. 신경인지장애(Neurocognitive Disorders)
18. 성격장애(Personality Disorders)
19. 변태성욕장애(Paraphilic Disorders)
20. 기타 정신질환(Other Mental Disorders)

약물로 유발된 운동장애 및 약물치료의 기타 부작용
임상적 주의의 초점이 될 수 있는 기타의 상태

DSM-5는 20개의 주요 정신질환의 분류를 제시한다. 세부 진단은 150개가 넘는데, 정신건강 분야 실습 시 필수적으로 알아야 할 주요 정신질환에 대해 소개한다.

(1) 신경발달장애

신경발달장애는 보통 유아기, 아동기 또는 청소년기에 처음 진단된다.

① 지적장애

지적장애는 유의한 정도의 평균 이하의 지능 및 일상 적응 기능의 손상을 보인다. 적응 기능이란 의사소통, 자기 관리 및 대인관계 기술 같은 영역에서 한 개인이 나이에 적합한 생활 요구를 얼마나 효과적으로 달성하는가를 나타낸다. DSM-5에서 지적장애는 전반적인 기능에 따라 경도(mild), 중등도(moderate), 고도(severe), 최고도(profound)로 분류한다. DSM-IV에서는 지능지수(IQ : Intelligence Quotient)에 따라 경도(50~55에서 70), 중등도(35~40에서 50~55), 고도(20~25에서 35~40), 최고도(20~25 미만)로 분류되었다.

② 자폐스펙트럼장애

자폐스펙트럼장애의 필수적인 특징은 의사소통 및 사회적 상호작용의 지속되는 손상, 제한적이고 반복적인 양식의 행동, 관심 분야 또는 활동이다. 자폐스펙트럼장애는 심각도에 따라 3단계로 나뉜다. 1단계는 사회적 의사소통의 결함이 있어서 지원이 필요한 수준을 말한다. 이는 DSM-IV의 아스퍼거 장애와 유사하다. 2단계는 사회적 의사소통 기술의 뚜렷한 결함을 가지고, 지원을 해도 그 손상이 보상되기 쉽지 않다. 3단계는 의사소통에 심각한 결함이 있고, 융통성 없는 행동, 변화에 대처하는 데 극심한 어려움을 가진다.

③ 주의력결핍 과잉행동장애

주의력결핍 과잉행동장애는 기능 또는 발달을 저해하는 지속되는 양상의 부주의, 과잉행동, 충동성을 특징으로 한다. 보통 아동기에 시작되며 개인의 기능에 심각한 손상을 가져온다. 장애의 발현은 두 가지 이상의 환경에서 나타나야 한다.

(2) 조현병 스펙트럼 및 기타 정신병적 장애

조현병 스펙트럼 및 기타 정신병적 장애에는 조현병, 망상장애, 조현정동장애, 단기 정신병적 장애 등이 있다. 이들 질환은 망상, 환각, 와해된 사고(언어), 극도로 와해된 또는 비정상적 운동 행동(긴장증 포함), 음성 증상의 다섯 증상 중 하나 이상이 있는 경우로 규정된다.

① 조현병

조현병은 두드러진 환청 또는 망상이 있는 만성적인 정신질환을 말한다. 최소 6개월 이상 정신 증상을 보인다. 조현병은 대개 3단계의 질병 과정을 보인다. 전구기는 활발한 정신병적 단계가 시작되기 전 기능 악화의 단계다. 활성기는 망상, 환각, 와해된 언어, 극도로 와해된 행동, 또는 무감동, 무의욕, 무논리 같은 음성증상이 1달 이상 나타나는 시기를 말한다. 잔류기는 활성기에 뒤이어 경험하게 된다. 이때도 전구기 때와 마찬가지로 기능의 손상과 감정, 인지, 의사소통의 이상이 나타날 수 있다.

② 조현정동장애

조현정동장애는 조현병의 활성기 증상과 조현병 증상이 없는 시기 동안의 조증 또는 우울증 증상이 모두 나타나는 정신질환을 말한다. 음성증상과 병식의 결함은 조현병보다 덜 심한 편이지만, 기분증상의 지속으로 주요우울장애나 양극성장애의 삽화로 발전할 위험이 큰 편이다.

(3) 양극성 및 관련 장애

양극성장애는 우울증과 들뜸 사이의 심한 감정 기복 그리고 관해와 재발을 특징으로 한다. 이 군에 속하는 정신질환에는 제I형 양극성장애, 제II형 양극성장애, 순환성장애 등이 있다.

① 제I형 양극성장애

제I형 양극성장애는 최소 1회의 조증 삽화를 경험하면 진단할 수 있다. 조증 삽화의 핵심 양상은 비정상적으로 들뜨거나, 의기양양하거나, 과민한 기분, 그리고 활동과 에너지의 증가를 적어도 일주일 동안 거의 매일 경험하는 것이다. 수면 욕구의 감소, 말수의 많음, 사고의 비약, 목표 지향 활동의 증가, 힘든 결과를 초래할 가능성이 높은 활동에 몰두 등도 나타날 수 있다. 강도와 관해 정도에 따라 경도, 중등도, 고도, 정신병적 양상 동반, 부분 관해 상태, 완전 관해 상태 등으로 나눌 수 있다. 12개월 내에 최소 4번 이상의 삽화를 경험하는 급속 순환성 동반인지도 살펴보아야 한다.

② 제II형 양극성장애

제II형 양극성장애는 경조증과 주요 우울 삽화를 경험하면 진단할 수 있다. 경조증 삽화는 조증 삽화와 진단 기분이 거의 같으나 최소 기간이 4일로 짧고 사회적, 직업적 기능의 현저한 손상을 일으키거나 입원이 필요할 정도로 심각하지 않다는 것이 조증 삽화와의 차이이다.

③ **순환성장애**

순환성장애는 경증의 만성 기분장애로 수차례의 우울 및 경조증 삽화가 최소 2년에 걸쳐 여러 번 경험되는 것을 말한다.

(4) 우울장애

우울장애는 주요우울장애, 지속성 우울장애(기분저하증), 월경전불쾌감장애 등을 포함하는 정신질환이다. 공통 양상은 슬픔, 공허함, 과민한 기분이고, 개인의 기능수행 능력에 영향을 주는 신체 · 인지 변화가 동반될 수 있다. 기간, 시점, 또는 추정되는 원인에 따라 진단이 나누어진다.

① **주요우울장애**

주요우울장애의 핵심 증상은 적어도 2주 동안의 우울 기분 또는 거의 모든 활동에 있어서 흥미나 즐거움의 상실이다. 또한 다음 증상 가운데 최소한 4개의 부가 증상이 있어야 하는데, 식욕, 체중, 수면, 정신운동 활동의 변화, 감소된 에너지, 무가치감 또는 죄책감, 생각 · 집중 · 결정의 어려움, 반복되는 죽음에 대한 생각 또는 자살 사고 또는 자살 계획 및 시도 등이다.

② **지속성 우울장애 또는 기분저하증**

기분저하증은 최소 2년 이상 지속되는 경도의 만성 우울증이다. 이 기간 동안 개인은 대부분의 날 동안 우울감을 경험하고, 최소 주요우울삽화의 2개 이상의 증상을 경험할 수 있다.

(5) 불안장애

불안장애 범주에는 극도의 공포, 불안 및 관련된 행동 장애의 특징을 지닌 질환들이 포함된다. 불안장애에 포함되는 질환들은 공포, 불안 혹은 회피 행동을 일으키는 대상이나 상황, 그리고 이와 관련된 인지적 관념에 따라 서로 구분된다. 불안장애는 불안의 정도가 과도하거나 발달상의 적정한 시기를 넘어서 지속된다는 점에서 발달 과정 중에 경험하는 정상 공포나 불안과는 다르다. 또한 오래 지속되는 점에서(대부분 6개월 이상) 스트레스에 의해 유발되는 일시적인 공포나 불안과도 다르다.

① 공황장애

공황발작은 극심한 공포나 고통이 갑자기 발생하여 수분 이내에 정점에 이르며 신체 · 인지 증상을 동반한다. 공황발작에서 경험될 수 있는 신체 증상은 심계항진, 숨참, 어지러움, 떨림, 멍함 혹은 쓰러질 것 같은 느낌, 땀, 구역감 등이다. 공황발작 자체는 정신질환이 아니며 공황장애 외에도 다른 불안장애나 다른 정신질환이나 몇몇 의학적 상태에서도 나타날 수 있다.

공황장애가 있는 사람들은 예상치 못한 공황발작을 반복적으로 경험하고, 공황발작을 겪는 것에 대해 계속해서 미리 걱정하거나, 공황발작 때문에 부적응 행동을 보인다.

② 특정공포증

특정공포증을 지닌 사람들은 주위의 대상이나 상황을 회피하거나 두려워하거나 불안하게 여긴다. 이 질환에서는 다른 불안장애에서와 달리 특정한 인지 왜곡은 보이지 않는다. 공포, 불안, 회피는 대부분 위험 상황에서 즉각적으로 발생하며, 그 정도는 실제 처한 위험에 비해 지나치고 지속적이다. 동물형, 자연환경형, 혈액-주사-손상형, 상황형 등 여러 종류의 특정공포증이 있다.

(6) 강박 및 관련 장애

이 분류에 속한 질환들은 강박사고(반복적인 생각) 또는 강박행동(반복되는 행동)을 가진다.

① 강박장애

강박장애는 강박사고 또는 강박행동으로 특징지어진다. 강박사고는 침투되는 느낌이 반복되면서 지속적인 생각, 충동 또는 심상으로 정의된다. 강박행동은 강박사고에 의해 또는 완고하게 따르는 규칙에 따라 일어나는 자동적인 반복 행동 또는 심리 내적인 행위를 뜻한다. 대부분의 강박행동은 강박사고와 관련된 불안을 낮추기 위해 이루어진다.

② 수집광

수집광은 그들의 실제 가치와는 상관없이 소지품을 버리기 힘들어하고, 강한 소유욕 때문에 소지품을 버리거나 떼어 내는 데 지속되는 어려움을 보이는 것이 특징이다. 수집광의 증상은 많은 수의 소지품 축적으로 이어져 실제 삶의 공간들을 혼잡하고 어수선하게 하여 위태로워질 수도 있다.

(7) 외상 및 스트레스 관련 장애

이 범주에는 외상성 또는 스트레스성 사건에 대한 노출이 명백하게 기재되어 있는 정신질환들이 포함된다.

① 외상 후 스트레스장애

외상 후 스트레스장애는 한 개인이 실제적 위험에 처하거나 삶에 대한 위협을 경험한 후에 일어날 수 있다. 또한 누군가에게 일어나는 폭력 혹은 치명적 사건을 목격한 후에도 일어날 수 있다. 증상은 대개 외상 후 첫 3개월 내에 시작하는데, 어떤 경우에는 수개월에서 수년 정도 이후에 발생할 수도 있다. 외상 후 스트레스장애가 있는 경우 한 개인이 외상적 사건에 대한 공포를 경험하고 그것이 재경험될 수 있다. 회피와 과각성 증상이 있을 수도 있다. 증상은 최소 한 달 이상 지속되고 기능의 장애로 경험될 수 있다.

② 급성 스트레스장애

급성 스트레스장애는 한 가지 또는 그 이상의 외상 사건에의 노출 이후 3일에서 1개월까지 지속되는 증상의 발현을 주요 특성으로 한다. 여기서 말하는 외상 사건은 PTSD의 경우와 동일하다. 증상이 한 달 이상 지속될 경우 급성 스트레스장애 진단은 PTSD로 바뀐다.

③ 적응장애

적응장애는 인식 가능한 생애 스트레스에 대한 부적응적 반응으로 감정 또는 행동 증상이 존재하는 정신질환을 말한다. 우울 기분 동반, 불안 동반, 품행 장애 동반 등이 있으며 주요우울장애나 외상 후 스트레스장애 같은 다른 정신질환의 진단 기준을 충족하지 못할 때 고려되어야 한다.

(8) 물질관련 및 중독 장애

물질관련장애는 10가지 서로 다른 종류의 약물로 유발된다. 알코올, 카페인, 대마, 환각제, 흡입제, 아편계, 진정제, 수면제 또는 항불안제, 자극제, 담배 그리고 기타 물질로 나누어진다. 모든 약물은 공통적으로 과량 복용할 때 행동과 기억 생성을 강화하는 뇌 보상 체계를 직접 활성화한다. 물질관련장애는 물질유발장애와 물질사용장애의 두 그룹으로 나뉜다.

① 물질사용장애

물질사용장애의 필수적인 특징은 중요한 물질 관련 문제들이 있음에도 불구하고 개인이 지속적으로 물질을 사용하고 있음을 나타내는 인지, 행동, 생리 증후군이다.

② 알코올관련장애

알코올관련장애는 과도한 알코올 사용으로 인해 유발되는 장애다. 여기에는 내성 및 금단 발생과 더불어 반복되는 알코올 사용을 특징으로 하는 알코올사용장애(alcohol use disorder), 과도한 술취함 상태를 말하는 알코올중독(alcohol intoxication), 심하면 섬망 증상까지 발생할 수 있는 알코올금단(alcohol withdrawal)이 포함된다.

③ 도박장애

도박장애는 비물질관련장애에 속한다. 도박장애의 필수적인 특징은 개인, 가족, 그리고 직업적 장애를 유발하는 지속되고 반복되는 부적응적 도박 행동이다.

(9) 신경인지장애

신경인지장애 범주는 인지능 손상을 주된 임상적 특징으로 하는 장애군을 망라한다. 이는 발달상의 장애가 아닌 후천적 장애다. 뇌의 구조와 기능의 변화로 학습, 지남력, 판단력, 기억력, 기타 지적 기능의 이상을 보이는 것을 특징으로 한다. 신경인지장애는 인지 손상이 출생 또는 생애 매우 이른 시기부터 존재하는 것이 아니라, 이미 획득한 기능 수준으로부터의 감퇴를 의미한다.

① 섬망

섬망은 다양한 원인으로 인해 단기간 발생하는 인지의 혼란을 특징으로 한다. 그 원인으로는 물질 중독 혹은 금단, 약물, 일반 의학적 상태, 수면 박탈 등이 있다.

② 경도 신경인지장애

경도 신경인지장애에서는 경미한 인지기능의 저하를 보인다. 이는 정상 노화 과정에서의 인지 변화와는 구분되어야 한다.

③ 주요 신경인지장애

주요 신경인지장애는 치매로 불리던 증상군이다. 기억력, 판단력, 지남력, 인지능력에 있어 심각한 손상을 특징으로 한다. 주요 신경인지장애에는 13개의 아형이 있다. 대개 65세 이상에서 점진적인 인지기능 저하의 형태로 나타나는 알츠하이머 치매, 뇌경색 혹은 뇌출혈이 원인이 되어 계단식으로 진행하는 인지 저하를 보이는 혈관성 치매가 대표적이다.

2. 정신건강증진기관 종류 및 기능

정신건강복지법 제3장에 명시된 정신건강증진시설은 정신의료기관, 정신요양시설, 정신재활시설로 구분된다. 그 외에 광역·기초정신건강복지센터, 중독관리통합지원센터, 자살예방센터 등을 포함한 정신건강증진기관의 종류는 다음 〈표 9-3〉과 같다.

〈표 9-3〉 정신건강증진기관 종류(2020. 12. 31. 기준) (단위 : 개소)

<table>
<tr><th colspan="2">구 분</th><th>기관수</th><th>주요 기능</th></tr>
<tr><td colspan="2">계</td><td>2,707</td><td></td></tr>
<tr><td rowspan="3">정신건강복지센터</td><td>소계</td><td>260</td><td rowspan="3">• 지역사회 내 정신질환 예방, 정신질환자 발견 · 상담 · 정신재활훈련 및 사례관리
• 정신건강증진시설 간 연계체계 구축 등 지역사회 정신건강사업 기획 · 조정</td></tr>
<tr><td>광역</td><td>16</td></tr>
<tr><td>기초</td><td>244</td></tr>
<tr><td rowspan="3">자살예방센터*</td><td>소계</td><td>51</td><td rowspan="3">중앙 및 지방자치단체 자살예방사업 지원, 민간협력 네트워크 구축을 통한 자살예방활동 지원</td></tr>
<tr><td>독립</td><td>6</td></tr>
<tr><td>부설</td><td>45</td></tr>
<tr><td colspan="2">중독관리통합지원센터</td><td>50</td><td>중독 예방, 중독자 상담 · 재활훈련</td></tr>
<tr><td colspan="2">정신요양시설</td><td>59</td><td>만성 정신질환자 요양 · 보호</td></tr>
<tr><td colspan="2">정신재활시설</td><td>350</td><td>병원 또는 시설에서 치료 · 요양 후 사회복귀 촉진을 위한 훈련 실시</td></tr>
<tr><td colspan="2">정신의료기관</td><td>1,937</td><td>정신질환자 진료, 지역사회 정신건강증진사업 지원</td></tr>
</table>

* 자살예방사업 운영 형태에 따라 독립형과 부설형으로 구분함

출처 : 국립정신건강센터(2021). 2021 전국정신건강증진기관 현황집.

정신건강증진기관 현황을 살펴보면, 2020년 12월 기준 정신의료기관은 총 1,937개소로 전체 정신건강증진기관의 71.5%에 해당된다. 그중 민간의료기관이 90% 이상을 차지하고 있다. 이에 반해 사회복귀 및 통합을 목적으로 하는 정신재활시설은 350개소에 불과하며 그나마도 전체 시 · 군 · 구 중 약 45%에 해당하는 105개 지역에는 전혀 설치되어 있지 않다. 정신요양시설은 지난 20여 년간 59개소가 그대로 유지되고 있으며, 입소자의 절반 이상이 60대 이상이고, 입소기간이 10년 이상이다. 정신건강복지센터는 260개소로 시 · 군 · 구 대부분에 설치되어 있다. 자살예방센터(독립형, 부설형)는 51개소, 중독관리통합지원센터는 50개소에 불과하다.

1) 정신의료기관

정신의료기관의 기능은 정신질환자 진료, 지역사회정신건강사업 지원, 정신질환자 치료이다. 최근 재난으로 인한 정신건강의 어려움이 심각한 사회문제로 대두되면서 국립정신의료기관의 재난정신건강 지원 역할이 강조되고, 국립정신의료기관 산하에 권역 트라우마센터의 설치가 강조되고 있다. 우리나라는 정신질환자의 평균 재원기간이 124.9일(보건복지부 국립정신건강센터, 2020) 길고, 응급대응체계가 미흡한 문제를 안고 있다.

2) 정신건강복지센터

전국 시·군·구 단위로 1개소 이상 정신건강복지센터가 설치되어 있으며 지역사회주민을 위한 정신건강증진을 위한 예방, 치료, 재활이 업무를 담당하고 있다. 다음은 이에 대한 법적 근거이다.

제3조(정의) 제3항 "정신건강복지센터"란 정신건강증진시설, 사회복지사업법에 따른 사회복지시설(이하 "사회복지시설"이라 한다), 학교 및 사업장과 연계체계를 구축하여 지역사회에서의 정신건강증진사업 및 제33조부터 제38조까지의 규정에 따른 정신질환자 복지서비스 지원사업(이하 "정신건강증진사업 등"이라 한다)을 하는 다음 각 목의 기관 또는 단체를 말한다.

출처 : 보건복지부(2020e). 2020년 정신건강사업안내.

개정된 정신건강복지법 법률안에서 정신건강복지센터는 기관명 변경과 함께 지역사회 정신건강증진사업 및 정신장애인을 위한 복지서비스 지원사업을 중점적으로 운영한다. 정신건강복지센터는 지역사회 내 정신질환을 예방하고, 정신질환자 발견·상담·정신재활훈련 및 사례관리를 수행하며, 정신건강복지시설 간 연계체계를 구축하고, 지역사회 정신건강복지사업을 기획·조정하는 기능을 수행한다. 정신건강복지센터는 국립정신건강센터·광역정신건강복지센터·기초정신건강복지센터가 있고, 국립정신건강센터는 국가의 정신건강복지정책을 수립하는 정신건강복지사업의 사령부(헤드쿼터, headquarter) 역할을 수행한다. 광역정신건강복지센터는 광역 지방자치단체의 정신건강복지사업의 기획, 24시간 정신건강 상담전화 운영, 정신 및 자살 응급대응체계 마련 등의 역할을 수행한다. 기초정신건강복지센터는 지역사회 최일선에서 정신건강복지서비스를 제공하는 기관으로서 지역사회 정신질환자 사례관리, 아동 · 청소년 정신건강증진, 직장인 정신건강증진, 지역사회 사업 기획 · 조정 등의 기능을 수행한다.

3) 정신재활시설

정신건강복지법은 정신재활시설은 '정신질환 또는 정신건강상의 문제를 가진 사람'이 그에 필요한 재활서비스를 받을 수 있는 것으로 정의하였다. 이는 등록된 정신장애인만을 대상으로 서비스하는 장애인복지법과 「장애인고용촉진 및 직업재활법」보다 폭넓은 서비스 대상을 규정하고 있다.

> **제3조(정의)** "정신재활시설"이란 제26조에 따라 설치된 시설로서 정신질환자 또는 정신건강상 문제가 있는 사람 중 대통령령으로 정하는 사람(이하 "정신질환자 등"이라 한다)의 사회적응을 위한 각종 훈련과 생활지도를 하는 시설을 말한다.

출처 : 보건복지부(2020e). 2020년 정신건강사업안내.

정신재활시설은 정신질환자가 정신의료기관 또는 정신요양시설에서 치료, 요양 후 사회복귀를 촉진하기 위한 훈련을 실시하는 기관이다. 유형에는 생활시설, 주간재활시설, 공동생활가정, 지역사회전환시설, 직업재활시설, 아동 · 청소년 정신건강증진시설, 중독자 재활시설, 생산품 판매시설, 종합시설 등이 있다.

2020년 12월 기준 보건복지부 기준으로 등록된 정신재활시설 수는 350개소이고 한국정신재활시설협회로 등록한 유형별 시설 수는 286개소이다.

〈표 9-4〉 정신재활시설 유형

생활시설	주간재활 시설	공동생활 가정	지역사회 전환시설	직업재활 시설	아동청소년 정신건강 지원시설	중독자 재활시설	종합시설	계
14	77	146	7	14	11	4	13	286(개)
4.90	26.92	51.05	2.45	4.90	3.85	1.40	4.55	100(%)

출처 : 한국정신재활시설협회에 등록한 유형별 정신재활시설 현황표(2020. 12. 기준).

4) 정신요양시설

정신요양시설은 가족의 보호가 어려운 만성 정신질환자를 정신요양시설에 입소시켜 요양보호함으로써 이들의 삶의 질 향상 및 사회복귀를 도모하기 위해서 설치 · 운영하는 정신건강증진기관이다. 정신요양시설에서는 수용보호뿐만 아니라 사회복귀를 촉진하여야 하는데, 현실에서는 오히려 장기입소로 인해 사회복귀의 어려움이 있다.

5) 중독관리통합지원센터

중독관리통합지원센터는 2000년 7월 보건복지부와 한국음주문화연구센터가 공동으로 알코올상담센터로 운영되다가 2014년 알코올뿐 아니라 도박 · 인터넷 · 알코올 · 마약 중독 등 4대 중독에 대한 서비스를 제공하기 위하여 중독관리통합지원센터로 기관 명칭을 변경하였다. 중독관리통합지원센터는 중독관련사용 장애군과 그 가족에 대한 체계적 · 지속적 관리, 상담, 재활 서비스 및 프로그램 제공을 통한 회복과 사회복귀를 지원하고 있다.

3. 정신건강 분야 특성 이해 및 실습 유의사항

정신건강 분야의 정신건강증진기관에서의 실습 유의사항을 살펴보고자 한다.

1) 정신건강 분야 특성 이해

(1) 정신의료기관

의료법에 의한 의료기관 중 주로 정신질환자의 진료를 행할 목적으로 설치된 병원(정신병원)과 의원 및 병원급 이상의 의료기관에 설치된 정신건강의학과를 말한다. 급성 정신질환자를 정신의료기관에 입원 또는 외래치료 함으로써 재활 및 사회복귀 도모를 목적으로 하며, 법적 근거는 의료법 제3조(의료기관), 제3조의2(병원 등), 제3조의3(종합병원), 제3조의4(상급종합병원 지정), 제3조의5(전문병원 지정), 「정신건강증진 및 정신질환자 복지서비스 지원에 관한 법률」 제19조(정신의료기관의 개설 · 운영 등)이다.

① 이용대상자

정신의료기관에 입원되는 정신질환자와 정신건강상 문제가 있는 자는 정신보건법에 의한 자의입원, 동의입원, 보호의무자에 의한 입원, 특별자치시장(도지사) · 시장 · 군수 · 구청장에 의한 입원 및 응급입원 등에 따라 입원이 필요한 자이다.

② 주요 제공서비스

- 입 · 퇴원 관리, 기록의 보존
- 환자권익 보호
- 작업요법 실시

(2) 정신재활시설

정신질환자를 정신의료기관에 입원시키거나 정신요양시설에 입소시키지 아니하고 사회복귀촉진을 위한 훈련을 행하는 시설을 말한다. 즉, 정신재활시설은 정신의료기관에 입원하거나 장기요양시설에 입소하지 아니한 정신질환자 등이 지역사회에서 직업활동과 사회생활을 할 수 있도록 상담 · 교육 · 취업 · 여가 · 문화 · 거주 · 사회참여 등 각종 재활활동 및 복지서비스 제공을 목적으로 운영되는 시설이다.

법적 근거는 「정신건강증진 및 정신질환자 복지서비스 지원에 관한 법률」 제26조(정신재활시설의 설치 · 운영)이다.

① 이용대상자

정신질환으로 오는 장애를 정신장애라고 표현하지만 장애인복지법에 근거한 등록 장애를 말하는 것은 아니다. 이용대상을 재정리하면 '정신질환 또는 정신건강상의 문제를 가진 사람'이 필요에 따라 재활서비스를 받고자 한다면 본인(만 15세 이상)과 보호자 동의를 통해 주치의 소견과 의뢰만으로 정신재활시설의 서비스를 이용할 수 있다.

> **시행령 제2조(정신재활시설 이용자의 범위)** 「정신건강증진 및 정신질환자 복지서비스 지원에 관한 법률」(이하 "법"이라 한다) 제3조 제7호에서 "대통령령으로 정하는 사람"이란 다음 각 호의 어느 하나에 해당하는 장애를 가진 사람을 말한다.
>
> 1. 기질성 정신장애
> 2. 알코올 또는 약물중독에 따른 정신장애
> 3. 조현병 또는 망상장애
> 4. 기분장애
> 5. 정서장애, 불안장애 또는 강박장애
> 6. 그 밖에 제1호부터 제5호까지의 장애에 준하는 장애로서 보건복지부장관이 정하여 고시하는 장애

출처 : 보건복지부(2020e). 2020년 정신건강사업안내.

② 주요 제공서비스

정신재활시설별 주요 제공서비스는 다음과 같다.

- 생활시설은 가정에서 생활하기 어려운 정신질환자 등에게 주거, 생활 지도, 교육, 직업재활훈련 등의 서비스를 제공한다.
- 재활훈련시설 중 주간재활시설은 정신질환자 등에게 작업 · 기술지도, 직업훈련, 사회적응훈련, 취업지원 등의 서비스를 제공한다.
- 재활훈련시설 중 공동생활가정은 완전한 독립생활은 어려우나 어느 정도 자립능력을 갖춘 정신질환자 등이 공동으로 생활하며 독립생활을 위한 자립역량을 함양시키기 위한 서비스를 제공한다.

- 재활훈련시설 중 지역사회전환시설은 지역 내 정신질환자 등에게 일시보호 서비스 또는 단기보호 서비스를 제공하고, 퇴원했거나 퇴원계획이 있는 정신질환자 등의 안정적인 사회복귀를 위한 기능을 수행하며, 이를 위한 주거제공, 생활훈련, 사회적응훈련 등의 서비스를 제공한다.
- 재활훈련시설 중 직업재활시설은 정신질환자 등이 특별히 준비된 작업환경에서 직업적응, 직무기술향상 등 직업재활훈련을 받거나 직업생활을 할 수 있도록 지원하며, 일정한 기간이 지난 후 직업능력을 갖추면 고용시장에 참여할 수 있도록 지원한다.
- 재활훈련시설 중 아동 · 청소년 정신건강지원시설은 정신질환 아동 · 청소년을 대상으로 한 상담, 교육 및 정보 제공 등을 제공한다.
- 중독자재활시설은 알코올 중독, 약물 중독 또는 게임 중독 등으로 인한 정신질환자 등을 치유하거나 재활을 돕는다.
- 생산품판매시설은 정신질환자 등이 생산한 생산품을 판매하거나 유통을 대행하고, 정신질환자 등이 생산한 생산품이나 서비스에 관한 상담, 홍보, 마케팅, 판로개척, 정보 제공 등을 지원한다.
- 종합시설은 제1호 생활시설, 제2호 재활훈련시설(주간재활시설, 공동생활가정, 지역사회전환시설, 직업재활시설, 아동 · 청소년정신건강지원시설), 제3호 중독자재활시설, 제4호 생산품판매시설의 정신재활시설 중 2개 이상의 정신재활시설이 결합되어 정신질환자 등에게 생활지원, 주거지원, 재활훈련 등의 기능을 복합적 · 종합적으로 제공한다.

(3) 정신요양시설

정신의료기관에서 의뢰된 정신질환자와 만성정신질환자를 입소시켜 요양과 사회복귀 촉진을 위한 훈련을 행하는 시설을 말한다. 가족의 보호가 어려운 만성 정신질환자의 요양 및 보호를 통해 이들의 삶의 질 향상을 목적으로 운영된다.

법적 근거로는 「정신건강증진 및 정신질환자 복지서비스 지원에 관한 법률」 제22조(정신요양시설의 설치 · 운영), 「정신요양시설의 설치기준 및 운영 등에 관한 규칙」 이다.

① **이용대상자**

정신요양시설에 입소할 수 있는 자는 정신건강의학과 전문의에 의하여 정신질환자로 진단된 정신질환자로서 본인이 입소를 원하거나 「정신건강증진 및 정신질환자 복지서비스 지원에 관한 법률」 제39조 제1항에 의한 보호의무자가 입소시키기를 원하는 경우에 해당된다.

② **주요 제공서비스**

- 입 · 퇴소관리
- 입소자 인권 및 재산상 권리 보호
- 입소자 건강관리
- 요양보호
- 작업요법 및 사회복귀훈련

(4) 광역 · 기초정신건강복지센터

정신건강복지센터는 지역사회 중심의 통합적인 정신질환의 예방 · 치료, 중독관리체계 구축, 정신질환자의 재활과 정신건강 친화적 환경조성으로 국민의 정신건강증진 도모를 목적으로 운영되는 시설이다.

법적 근거로는 「정신건강증진 및 정신질환자 복지서비스 지원에 관한 법률」 제15조(정신건강복지센터의 설치 및 운영), 「정신건강증진 및 정신질환자 복지서비스 지원에 관한 법률」이며, 정신건강사업안내에서 정하지 아니한 사항은 지방자치단체 조례 및 지침, 기타 관련 근거를 준수한다.

① **이용대상자**

광역정신건강복지센터는 시도 단위 지역주민 및 지역 내 정신질환자를 이용대상으로 한다. 기초정신건강복지센터는 시 · 군 · 구 단위 지역주민 및 지역 내 정신질환자를 이용대상으로 한다.

② 주요 제공서비스

광역정신건강복지센터의 주요 사업은 다음과 같다.

- 지역사회정신건강복지사업 및 자살예방사업 기획 및 수립
- 지역사회진단 및 연구조사 사업
- 교육사업
- 네트워크 구축사업
- 인식개선사업
- 지역특성화사업
- 정신건강위기상담 운영

기초정신건강복지센터의 주요 사업은 다음과 같다.

- 중증정신질환관리
- 자살
- 정신건강증진
- 아동·청소년 정신건강증진
- 재난 정신건강 지원
- 행복e음 보건복지통합전달체계 구축

(5) 중독관리통합지원센터

중독관리통합지원센터는 알코올, 인터넷, 약물, 도박 등 중독 문제를 가진 분들과 가족, 다양한 중독의 문제로 도움이 필요한 사람들에게 조기발견 및 회복을 위한 전문적인 도움을 제공하는 전문기관이다.

법적 근거는 「정신건강증진 및 정신질환자 복지서비스 지원에 관한 법률」 제15조의3(중독관리통합지원센터 설치 및 운영)이며, 「정신건강증진 및 정신질환자 복지서비스 지원에 관한 법률」 및 정신건강사업안내에서 정하지 아니한 사항은 지방자치단체 조례 및 지침, 기타 관련 근거를 준수한다.

① **이용대상자**

지역사회 내 알코올 및 기타 중독(약물 · 도박 · 인터넷)에 문제가 있는 자, 알코올 · 기타 중독자와 그 가족 등 지역주민, 의료기관 또는 시설 등에서 퇴원(소)한 알코올 및 기타 중독자로서 사회적응훈련을 필요로 하는 알코올 및 기타 중독자, 기타 중독 관련 상담 및 재활훈련서비스가 필요한 자 등이 된다.

② **주요 제공서비스**

- 중독문제 조기발견 및 개입서비스
- 중독질환 관리사업
- 중독질환 가족지원 사업
- 중독예방 및 교육사업
- 지역사회 사회안전망 조성사업
- 지역진단 및 기획

(6) 자살예방센터

자살예방센터는 우리 사회의 자살률 증가를 막고 생명존중 문화조성을 위해, 중앙정부 및 지방자치단체의 자살예방사업을 전문적으로 지원하고, 민관협력 네트워크를 구축하여 사회 각계의 자살예방 활동을 지원을 목적으로 운영되는 시설이다.

법적 근거는 「자살예방 및 생명존중문화 조성을 위한 법률」 제13조(자살예방센터의 설치)이다.

① **이용대상자**

지역 내 누구나 자살에 대한 생각을 가진 자, 자살유족

② **주요 제공서비스**

- 자살 관련 상담
- 자살위기 상시현장출동 및 대응

- 자살시도자 사후관리
- 자살자의 유족 지원 및 관리
- 자살예방 홍보 및 교육
- 자살예방 전문 인력 양성
- 그 밖에 자살예방 및 자살자의 유족 지원을 위하여 보건복지부 장관이 필요하다고 인정하는 업무

2) 정신건강 분야 실습 유의사항

정신건강 분야에서 실습을 하게 된다면, 각 정신건강증진기관 이용자의 특성을 숙지할 필요가 있다. 정신건강증진기관별로 이용자의 질병의 종류가 다르므로 각 질환에 대한 개념, 원인과 증상, 진단기준, 치료방법에 대한 기초적인 이해와 함께 진단적 특성에 따른 의사소통기술이 요구된다.

다음은 실습생이 정신질환(진단)별 클라이언트와의 면담 시 유의할 점이다.

(1) 정신증적 클라이언트와의 면담

정신증적 클라이언트는 편집증적이거나 비협조적이기도 하며, 거절에 민감하여 고립과 철회를 사용하여 자신을 보호하려고 하므로 감정적 라포의 형성이 쉽지 않을 수 있다.

사회복지사는 일반적 면담에서 대개 중립적인 입장을 취하고 클라이언트의 요구를 직접 충족시켜 주지 않으나, 정신증적 클라이언트에게는 클라이언트를 이해한다는 것을 적극적으로 전달해 주고, 클라이언트의 요청을 충족시킬 필요가 있다.

클라이언트가 호소하는 망상에는 클라이언트의 핵심적 소망과 관심사가 포함되어 있기 때문에 클라이언트를 이해할 수 있는 통로가 된다. 망상의 비합리성에 대하여 클라이언트와 논쟁을 벌일 것이 아니라 그 내용이 클라이언트에게 갖는 의미에 대해 궁금증을 가져야 한다. 이때 클라이언트의 망상 내용에 관심을 보이는 것이 망상을 믿는다는 뜻으로 전달되지 않도록 하는 것이 중요하다.

클라이언트의 와해된 이야기가 이해가 안 될 때, 이해하는 것처럼 끝나기를 기다리기보다 "○○님의 이야기를 이해하기가 어렵네요"와 같이 솔직히 말해주는 것이 좋다. 면담 시 개방형 질문에 모호하게 대답하는 경우, 구조화된 질문으로 구체적 내용을 파악하는 것이 필요하다.

정신증적 클라이언트에게는 지지적이고, 지속적이며, 감정적으로 일관되고, 개별화된 개입을 하는 것이 중요하다.

(2) 우울증 클라이언트와의 면담

우울증 클라이언트에게는 보통 지지적 접근을 한다. 사회복지사는 희망을 자극하고 강화하여 잠재된 동기의식을 찾아내도록 돕고, 자기 파괴적인 행동에 대해 탐색하고 지적해 주며 현실적인 결정을 미루게 하거나, 이미 충분히 고통받고 있으며 좀 더 나은 삶을 누릴 권리가 있음을 강조하여 죄책감이 경감되도록 돕는다. 우울증 클라이언트에게 지나친 지지는 자신이 가치 없는 존재라 여기는 클라이언트를 불안하고 불편하게 만들어 더욱 철회하게 할 수도 있어 주의가 필요하다.

우울증 클라이언트와의 면담에서는 사회복지사의 적극적인 참여가 요구된다. 클라이언트는 돌봄을 받기를 원하고 있다. 사회복지사가 면담을 주도하고 클라이언트의 의존 욕구를 충족시켜 주는 것이 도움이 된다.

클라이언트는 대답하는 데 오랜 시간이 걸리며, 짧고 반복적으로 대답하곤 한다. 클라이언트의 이야기는 주로 호소나 자책이며, "내가 왜 이런 고통을 받아야 하죠?"라고 반문하거나, "그게 무슨 소용이죠?"라며 도움이 안 될 것 같다는 부정적 반응을 보이기도 한다. 사회복지사는 "얼마나 괴로우신지 알 것 같아요. 제가 좀 더 많이 알 수 있다면 도움이 되어드릴 수 있을 것 같은데요", "그 일이 어떻게 시작된 거죠?"와 같이 계속해서 공감과 관심을 보이면서 구체적인 질문으로 면담을 이어가야 한다.

사회복지사는 진지하고 관심 있는 태도로 클라이언트의 기분을 지지해 주어야 한다. 명랑하거나 힘이 넘치거나 속도가 빠르거나 미소를 띠는 등의 모습은 클라이언트에게 공감받지 못하는 느낌을 주게 된다. 면담자는 클라이언트의 상태에 맞추어 전체 면담을 천천히, 클라이언트가 대답할 수 있는 충분한 시간을 주면서 진행하여야 한다.

클라이언트가 눈물을 흘리는 경우 임상가는 기다려 주어야 한다. 클라이언트에게 티슈를 건네기도 하며, "많이 힘드신가 봐요", "무엇 때문에 괴로우신 건가요?"와 같이 이야기하면서 클라이언트가 자신의 감정을 받아들이도록 격려해 주어야 한다.

(3) 인격장애 클라이언트와의 면담

인격장애 클라이언트에게는 중립적이고 공감적인 태도가 특히 중요하다. 역전이가 일어나는 경우가 많으므로 주의해야 한다. 클라이언트의 행동에 대한 원인을 다루기보다는 행동 자체에 초점을 두는 것이 좋다. 행동의 원인이 일반적인 인과관계나 합리성에서 크게 벗어나는 경우가 많기 때문이다. 클라이언트의 불평을 들어주기보다 클라이언트의 역할이나 대처방안에 대해 논의하는 것이 좋다. 클라이언트로 하여금 자신의 행동에 책임지도록 하고, 위험한 행동을 하지 않도록 처음부터 제한을 두는 것이 좋다.

정신장애인의 인권보호를 위한 다섯 가지 원칙

원칙 1. 적정절차 보장 및 자기결정권 존중
원칙 2. 기본적 권리보장과 최소한의 제한
원칙 3. 정신건강서비스 전문화와 치료환경 보장
원칙 4. 지역사회 중심의 치료환경 조성
원칙 5. 정신장애인에 대한 차별금지

출처 : 국가인권위원회(2009). 정신장애인 인권보호와 증진을 위한 국가보고서.

CHAPTER 10

기타 사회복지 분야 실습

1. 학교사회복지 분야

1) 학교의 기능과 학교사회복지사의 역할

학교사회복지사는 학교에서 일어나는 학생들의 문제들을 개인의 문제만이 아닌 개인을 둘러싼 환경과의 상호작용의 문제로 본다. 이러한 심리·사회적 문제들을 학생-학교-가정-지역사회의 연계를 통해 예방 및 해결하고, 모든 학생이 자신의 잠재력과 능력을 최대로 발휘할 수 있도록 최상의 교육환경과 공평한 교육 기회를 제공하는 역할을 한다. 궁극적으로 교육의 본질적인 목적을 달성하고, 학생복지를 실현할 수 있도록 도와주는 교육기능의 한 부분이며 사회복지의 전문 분야이다.

2) 주요 업무

학교사회복지사의 주요 업무는 〈표 10-1〉과 같다. 학교사회복지실천을 위한 여건조성과 학생대상 활동으로 개별사회사업, 집단사회사업, 기타 문화사업, 가족지원 활동, 학교변화를 위한 활동, 지역사회 자원구축 및 연계서비스, 그리고 기타 활동들이 있다.

〈표 10-1〉 학교사회복지사의 주요 업무

<table>
<tr><th colspan="2">목 표</th><th>세부 업무의 예</th></tr>
<tr><td colspan="2">학교사회복지 실천을 위한 여건 조성</td><td>• 관련 협의체 및 협력부서 조직
• 사무실 및 학생 상담공간 마련과 환경 구성
• 학생 · 학부모 · 교사 · 지역사회 대상 홍보 활동
• 자원봉사자 모집, 배치
• 학교욕구 조사 및 지역사회 조사</td></tr>
<tr><td rowspan="3">학생 대상 활동</td><td>개별 사회 사업</td><td>• 수시 개별상담 및 전문가 의뢰
• 복합적인 문제와 욕구를 가진 학생을 위한 다양한 전문가로 구성된 지원팀 운영
• 심리검사</td></tr>
<tr><td>집단 사회 사업</td><td>• 자아성장을 위한 집단활동(학습전략, 진로탐색, 자원봉사, 또래상담 등)
• 문제해결을 위한 집단활동(의사소통 기술훈련, 분노조절, 행동수정 등)
• 예방교육(폭력예방, 공동체 의식 향상 집단 등)</td></tr>
<tr><td>기타 문화 사업</td><td>• 문화체험 행사 및 방학 중 캠프
• 즐거운 학교생활을 위한 문화이벤트
• 건강한 청소년 문화를 위한 학생활동 지원</td></tr>
<tr><td colspan="2">가족지원활동</td><td>• 가정방문, 부모상담
• 장학금, 생활보조금 등 연계
• 결손가정학생을 위한 정서적 후원자 결연</td></tr>
<tr><td colspan="2">학교변화를 위한 활동</td><td>• 학생복지 이해 증진을 위한 교사연수
• 학생 원조를 위한 교내 서비스 체계 마련
• 학생 옹호활동 및 학교체계 변화를 위한 활동</td></tr>
<tr><td colspan="2">지역사회 자원구축 및 연계서비스</td><td>• 지역사회 자원 조사 및 개발 활동
• 전문가, 전문기관과의 공조체계 마련
• 지역사회 학생복지 지원협의체 결성, 운영
• 지역사회 인식 개선과 환경 개선을 위한 캠페인 및 서명활동</td></tr>
<tr><td colspan="2">기타</td><td>• 활동기록, 평가, 자문
• 서비스 효과성 조사연구
• 활동 홍보 및 보고서 작성 배포</td></tr>
</table>

2. 의료사회복지 분야

1) 병원의 기능과 의료사회복지사의 역할

의료사회복지사는 전문상담가로서 환자와 가족의 심리적 · 사회적 · 경제적 문제를 파악 및 진단하여 원활한 진료가 이루어질 수 있도록 원조하고, 환자가 정상적으로 가정과 사회로 복귀할 수 있도록 지원하며, 병원의 효율적인 운영과 환자에 대한 서비스 증진을 위한 프로그램을 개발하고 시행하며, 전문상담 활동 및 질환별 사회사업적 개입을 위한 연구조사 활동을 수행한다.

의료사회복지사의 분야별 역할은 의료사회복지사에 있어서 지역사회보건, 재활의료, 정신보건, 일반의료 등의 특수 분야가 있어 그 전문적인 역할에 차이가 있다.

〈표 10-2〉 의료사회복지사의 분야별 역할

분야	의료사회복지사의 역할
지역사회 보건사업	건강에 관한 지식과 태도 변화에 따라 기본적인 지식과 올바른 태도를 가질 수 있도록 개별사회사업의 방법으로 가족단위의 보건교육을 실시하고 건강에 대한 의식을 향상시켜서 자력으로 건강을 유지할 수 있는 행동변화를 돕는 활동이다. 또한 환자의 건강 장애요인, 경제적 상황 파악, 사회적 배경 확인 등을 통한 예방 보건서비스를 통하여 건강이나 보건에 장애가 되는 문제를 해결하고 지역 내 여러 기관단체와 협력하여 팀워크로 환자의 조기발견 및 치료를 함으로써 장애요인을 최소화하고, 지역사회의 중간집단을 이용하여 심리적 · 사회적 직업재활을 위한 프로그램 개발이나 자원활용 계획을 수립하고 보건활동을 증진하는 것이다.
재활의료	재활의료기관에서 장애를 가진 자의 의료적 · 사회적 · 교육적 · 정신적 · 직업적 장애로부터 그의 잠재능력을 최대한 개발할 수 있도록 돕기 위하여 재활팀의 일원으로 전체 재활과정에서 주로 심리사회적 진단과 치료, 사회자원 동원과 조정, 사회운동, 직업보도 등의 서비스를 제공하는 활동이다.
정신보건	정신적 · 정서적 장애를 가진 환자나 가족을 돕는 것을 목적으로 다양한 형태의 심리치료, 의학적 치료, 작업치료, 오락치료, 직업재활 등이 팀워크 활동 중 행해지는 사회사업 활동에 해당되는 개별지도나 집단지도 활동을 말한다.
일반의료	병원이나 진료의 수준에 관계없이 환자의 진료과정에 있어서 파생되는 문제의 해결이나 효과적인 진료를 위한 협력적인 활동이며 나아가서 지역사회 자원을 활용하여 사후지도를 주로 하는 활동을 말한다. 임종, 호스피스, 장기이식, 소아정신병 환자 등의 부분에서 사회사업적 지원서비스의 역할을 하고 있다.

2) 주요 업무

의료사회복지사의 주요 업무는 〈표 10-3〉과 같다.

〈표 10-3〉 의료사회복지사의 주요 직무

직무 차원	직무 하위 차원	직무내용	
사회사업임상	심리 · 사회 · 정신적 문제해결 직무 차원	1	심리사회적 문제의 원인조사 및 사정
		2	치료계획에 의한 환자의 개별치료
		3	내원객의 욕구에 의한 환자의 개별상담
		4	치료계획에 의한 환자의 가족치료
		5	내원객의 욕구에 의한 환자의 가족상담
		6	집단치료
		7	집단 활동지도
		8	환자와 환자 가족의 교육
		9	환자와 환자 가족에게 질병에 관한 정보 제공
	경제적 문제해결 직무 차원	10	사회보장 및 법적 제도에 대한 정보 제공과 지원
		11	병원 내의 자원을 이용한 진료비 지원
		12	후원자, 후원단체 연결을 통한 병원 외적 자원과의 연결
	지역사회 자원연결 직무 차원	13	지역사회의 새로운 자원 개발 및 정보망 조성
		14	수집된 기존 지역사회의 자원체계에 대한 정보 제공
		15	지역사회 자원과 연결
	사회복귀 및 재활 문제해결 직무 차원	16	퇴원계획 상담
		17	추가치료 및 자가치료 지원(가정방문, 외래상담 등)
		18	직업재활 상담지도
		19	회복상태 및 사회적응도 평가
		20	사회생활 훈련지도
	Team Approach 직무 차원	21	회진 참여
		22	타 부서와의 case conference
		23	병원경영에 어려움을 줄 수 있는 고위험 환자의 조기 발견
		24	질병에 의한 고위험 환자의 조기발견
		25	사례분석 평가
행정	사회사업부서의 순수행정 직무 차원	26	보고서 및 업무일지의 기록
		27	사회사업 부서의 운영에 관한 회의
		28	부서 직원의 지휘 및 감독
		29	병원(기관)의 행정 및 경영에 관계된 회의
교육 및 연구조사	교육 및 연구조사 직무 차원	30	실습생 지도
		31	신규직원 교육
		32	전문성 제고를 위한 교육참여(임상연구 회의, 저널 클럽)
		33	의료사회사업 연구 및 조사활동

PART 03

사회복지현장실습 기록

CHAPTER 11

사회복지실습보고서 작성법

1. 실습일지

실습일지를 작성하는 것은 실습생이 수행한 업무내용뿐만 아니라 자신의 업무수행에 대한 분석 및 평가를 하여 스스로 자신의 장점과 단점을 인식하여 학습경험 향상에 기여할 수 있다. 실습과정을 주관성과 객관성을 구분하여 매일 기록과정을 기록하고 평가함으로써 실습이 어떻게 진행되었는지 구체적으로 파악할 수 있는 가장 기초적인 과정이며, 실습지도자가 실습일지를 통하여 실습업무 수행 활동에 대한 실습생의 반응도 알 수 있게 된다. 따라서 실습생은 실습이 진행되는 동안 모든 내용을 실습일지에 기록으로 남겨야 한다.

실습기관마다 실습일지 양식이나 작성방법이 다르므로 실습기관에서 제시하는 실습일지 양식과 작성법을 따른다. 실습생은 실습일지를 수기 또는 컴퓨터 문서작성을 통해 작성할 수 있으며, 실습지도자는 자필로 작성하는 것을 원칙으로 한다.

1) 실습일지 작성방법

실습일지는 공식문서이므로 줄임말, 약자, 인터넷 용어 등의 사용은 피하고, 전문적인 용어를 사용하되 맞춤법 등 문서 양식에 신경 써서 작성해야 한다. 또한 클라이언트의 개인정보가 유출되지 않도록 주의해서 기록해야 한다. 실습일과에 대한 실습생 개인의 감정이나 주관적 의견을 지양하고, 실습과정에서 배운 점과 느낀 점을 긍정적이고 성장한 것에 초점을 맞추어 기록한다.

(1) 실습일정

실습일정은 시간에 따라 간단하게 요약하여 기재하되, 실습생 출석부와 일지 회차, 출퇴근 시간이 일치하여야 한다. 실습시간은 실습생의 식사시간 1시간을 제외하고 1일 8시간 이하, 최소 4시간 이상이어야 인정된다. 만약 식사시간에 클라이언트의 식사지도를 한 경우에는 일정에 식사지도로 기록하여야 한다.

(2) 실습내용

실습내용은 일정에 따라 자신이 수행한 업무를 육하원칙에 따라 구체적으로 명확하게 기록한다. 사실을 중심으로 기록하고, 자신의 느낌이나 추측, 평가 등은 실습생 의견란에 기록한다. 실습을 통해 발전된 점과 추후 학습해야 하는 부분이 잘 드러나도록 기록한다.

실습에서 관찰한 것, 직접 실천한 것, 보조한 것, 직접 수행한 것을 잘 구분해서 작성하되, 클라이언트와의 상호작용, 클라이언트의 반응과 태도 등을 상세하게 기술하는 것이 좋다. 교육을 받은 경우에는 교육내용을 요약하여 기록한다.

(3) 실습생 의견

실습을 수행하면서 배운 점이나 느낀 점, 의문점을 구체적으로 작성한다. 실습 중 직면한 문제점이나 어려운 점, 실습생으로서 겪을 수 있는 윤리적 딜레마에 대해 기록하면 이에 대한 슈퍼비전을 받게 된다. 또한 클라이언트에 대한 의도적 개입에 대한 자신의 평가를 기록하고, 이후의 실천과업에 대한 것을 기록하고 달성에 대한 부분을 작성할 수 있다.

(4) 실습지도자의 의견

실습지도자가 실습일지를 읽고 작성하는 부분으로 실습생이 작성한 질문에 대해 실습지도자가 슈퍼비전을 남기게 된다. 슈퍼비전이 구두로 이루어진 경우에는 실습생이 실습일지에 기록할 수 있다.

2) 실습일지 사례

실 습 일 지
1. 실습생명 : 2. 실 습 일 : 3. 오늘의 목표 :
4. 진행 내용(시간, 내용 등을 중심으로 기록)
5. 실습생 의견(배운 점, 의문사항, 건의 등 포함)
6. 실습지도자 의견

2. 실습기관 분석 보고서

실습기관 분석 보고서는 예비 사회복지사로서 실습하는 기관의 설립취지 및 역사, 조직구조, 클라이언트와 지역사회의 특성, 기관의 사업내용, 사회복지사의 업무 등을 이해하기 위한 목적으로 실시된다.

1) 실습기관 분석 보고서 작성방법

실습기관 분석 보고서는 정확하고 객관적인 정보에 근거하여 명료하고 구체적으로 기록해야 하며, 논리적으로 분석하여 기록하는 것이 중요하다.

(1) 기관의 역사

기관의 역사적인 발전과 변화를 파악하여 작성하고, 이때 기관의 공식문서, 안내책자, 홈페이지 등에 제시되어 있는 내용을 참고한다. 접근할 수 없는 내용은 실습지도자에게 문의하도록 한다.

(2) 기관의 목적

기관의 목적은 기관의 미션과 비전을 기술하고, 사업 수행을 위한 기관의 운영방향을 조사하여 작성한다. 홈페이지, 실습 오리엔테이션 자료, 기관의 사업계획서 등을 참고한다.

(3) 기관의 주요 사업 및 프로그램

기관의 홈페이지, 사업이나 프로그램 계획서 등을 참조하여 클라이언트에게 어떤 프로그램과 서비스가 제공되고 있는가를 확인하여 기록한다. 서비스나 프로그램별 주 클라이언트, 대상지역, 서비스 전달방식, 특성화 프로그램 등을 파악한다.

(4) 기관의 행정사항(기관의 조직구조 등)

기관의 예산 등은 기관에서 미공개 시 사실대로 작성한다.

(5) 기관이 속한 지역사회, 물리적 환경의 특징

기관의 홈페이지, 안내문, 시·군·구 자료, 통계청 자료 등을 통해 지역사회의 구조와 집단에 대해 조사하고 기관의 역할을 확인한다.

(6) 사회복지기관으로서 지역 내 타 기관들과의 연계

기관의 홈페이지, 기관 소개자료를 참고하여 기관과 연계되어 있는 기관을 파악하여 기술한다.

(7) 기관의 특별한 면이나 전반적인 사항에 대한 인상이나 느낌

실습기관 분석보고서를 작성하면서 알게 된 점이나 느낀 점을 구체적으로 작성한다.

2) 실습기관 분석 보고서 사례

실습기관 분석 보고서

실습생명		기관명	
기관주소	(전화 :)		
기관소개자	(부서 : 직책 :)		

1. 기관의 역사
   (1) 기관 설립동기 및 설립목적
   (2) 기관 사업의 역사적 변천
   (3) 기관 역사에 대한 실습생의 평가
2. 기관의 목적
3. 기관의 주요사업 및 프로그램
   (1) 클라이언트 및 대상 지역
   (2) 주요사업
   (3) 서비스 전달체계
   (4) 기관의 대상층 및 주요사업에 대한 실습생의 평가

4. 기관의 행정사항
 (1) 기관의 조직구조
 (2) 예산, 후원 및 지원 사항
 (3) 기관의 행정구조와 예산 사용 및 후원에 대한 실습생의 평가
5. 기관이 속한 지역사회, 물리적 환경의 특징
 (1) 지역사회
 (2) 물리적 환경(시설, 공간 등)
6. 사회복지기관으로서 지역 내 타 기관들과의 연계
 (1) 관계유형 및 내용
 (2) 기관의 타 기관과의 관계유지에 대한 실습생의 평가
7. 기관의 특별한 면이나 전반적인 사항에 대한 인상이나 느낌

3. 실습 중간평가서 및 실습종결 보고서

실습에 대한 평가는 실습기간 동안 학습한 실천기법과 기술을 정교히 하면서 확고히 하는 단계이다. 실습시간 동안 자신에 대한 것을 평가할 수 있도록 중간평가, 종결평가로 구분하여 평가를 진행한다.

1) 실습 중간평가서 작성방법

실습 중간평가서는 실습기간의 중간지점에서 실습생의 초기 설정목표와 비교하여 달성도를 평가하는 것이다. 실습생이 실습 중간평가서를 작성하면 실습지도자와 기관 사회복지사, 동료 실습생과의 상호 피드백의 형태로 진행된다.

실습 중간평가에서 이미 달성된 목표가 있을 경우에는 새로운 목표를 설정하고, 보완이 필요한 영역에서는 실습지도자와 상의해서 남은 실습기간 동안 실천하고 학습할 것을 조율한다.

(1) 실습목표와 관련된 실습내용 및 역할에 대한 평가

• 수행한 실습내용 및 역할의 요약 : 실습생은 실습시작 일부터 평가서 작성일까지

수행한 실습내용과 역할에 대해 간략히 기술한다. 특히 업무를 수행할 때 자신의 역할을 구체적으로 적는다.

- **평가** : 실습내용과 자신의 역할에 대해 스스로 평가한 내용을 기술한다.
- **앞으로의 계획** : 자신이 평가한 내용을 바탕으로 남은 실습기간 동안 자신이 보완하고 경험하고 싶은 내용에 대한 간략한 계획을 기술한다.

(2) 실습에 임하는 자세 및 노력

실습생 자신이 실습에 임하는 자세와 실습을 위해 노력했던 모든 점을 기록한다. 과장하거나 하지 않은 내용을 작성하지 않는다.

(3) 실습을 통해 배운 점

실습을 통해 배운 점을 솔직하고 구체적으로 작성한다. 직접 경험한 것뿐만 아니라 슈퍼비전, 기관교육, 사회복지사의 실천을 관찰하면서 직·간접적으로 배운 내용을 기술한다.

(4) 앞으로 더 필요한 지식과 기술

학교에서 배운 이론을 실천하면서 더 필요하다고 생각되는 지식이나 기술을 기록한다. 더 전문적으로 알고 싶은 내용이나 본인에게 부족하다고 생각되는 내용을 기술하면 된다.

(5) 실습에서 어려웠던 점

클라이언트와의 상담이나 프로그램, 행정업무 등 실습을 경험하면서 어려웠던 점을 구체적으로 기술한다.

(6) 기관 및 실습지도자에게 건의할 점

실습 일정, 실습 내용 및 실습 지도에 관한 건의사항을 기술하되, 남은 실습기간 동안에 기관 또는 실습지도자가 반영할 수 있는 내용을 기술한다.

2) 실습 중간평가서 사례

실습 중간평가서

* 본 평가서는 사회복지현장실습 지침서를 참고하여 실습생 본인이 작성하며, 서술양식으로 작성한 뒤 실습지도자와 평가회를 갖는 것을 추천함.

실습생명		기관명	
실습기간		실습지도자	
실습평가일		실습 지도교수	

1. 실습목표와 관련된 실습내용 및 역할에 대한 평가
   1.1. 수행한 실습내용 및 역할의 요약
   1.2. 평가
   1.3. 앞으로의 계획

2. 실습에 임한 자세 및 노력

3. 실습을 통해 배운 점

4. 앞으로 더 필요한 지식과 기술

5. 실습에서 어려웠던 점

6. 기관 및 실습지도자에게 건의할 점

3) 실습 종결보고서 및 실습평가서 작성방법

실습 종결보고서는 실습을 마무리하는 종결단계에서 실습생이 직접 작성하는 보고서이다. 실습기간 동안 실습계획서에 맞추어 실습을 잘 수행했는가를 스스로 평가하는 것이다.

실습계획서에서 세운 계획에 준하여 작성한다. 지금까지 진행과정을 사실대로 정리하면서 기술하되, 그 과정을 객관적으로 분석하고 느낀 점을 솔직하게 기록한다. 긍정적인 부분과 미흡한 부분을 분리하여 정확하게 쓰고, 미흡한 부분을 작성할 경우에는 차후 보완할 부분에 대한 것도 작성하는 것이 좋다.

4) 실습 종결보고서 및 실습평가서 사례

실습 종결보고서

* 다음은 실습을 종결하면서 한 학기 동안 실습한 내용을 요약정리하고 목표 달성 정도와 소감을 간략히 정리하는 보고서임. 이 종결보고서는 파일에 정리되어 사무실에 비치되며 다음 실습을 준비하는 학생에게 실습지 선정의 지침이 되는 자료로 활용될 것임.

실습기관		실습지도자	
실습부서		실습 지도교수	
실습기간			
실습생		종결 일시	

1. 실습기관 소개
2. 실습기간 및 시간
3. 실습목표
   1) 실습생의 목표
   2) 실습기관의 목표
4. 실습내용 소개
   1) 실습일정

2) 교육, 참관사항

3) 담당업무

5. 실습목표와 달성 정도

6. 실습지도자와 실습지도 내용소개

7. 실습소감

1) 힘들었던 것

2) 제기되었던 질문들

3) 배운 것

8. 향후 실습을 위한 제언

9. 기타 꼭 하고 싶은 이야기

10. 실습지도자와 기관에 대한 감사의 내용

실습평가서

* 본 평가서는 사회복지현장실습 지침서를 참고하여 종결평가 내용을 실습생 본인이 작성하며, 서술양식으로 작성한 뒤 실습지도자와 평가회를 갖는 것을 추천함.

실습생명		기관명	
실습기간		실습지도자	
실습평가일		실습 지도교수	

1. 실습 일정에 대한 평가

2. 실습 내용 및 역할에 대한 평가

3. 실습 목표에 대한 평가

1) 구체적이고 적절한 목표 설정 여부

2) 목표의 달성 여부

4. 서비스 실천과정에 대한 평가/ 정책 및 행정 실습에 대한 평가

1) 문제 파악 및 자료수집 능력/ 문제 인식 능력
2) 문제 사정 능력/ 문제 분석 능력
3) 개입 기술/ 문제해결을 위한 대안제시능력
4) 면접 기술/ 기존지식과 정보의 사용능력
5) 기록 기술/ 기록 기술
6) 클라이언트와의 전문적인 관계 형성/ 유관 기관 및 관련된 사람들과 전문적인 관계 형성

5. 실습생의 자원 활용에 대한 평가(인적, 물적 자원)
1) 기관 외의 자원 활용
2) 실습과 관련된 참고서적의 활용

6. 실습에 임하는 자세에 대한 평가
1) 업무관리
(1) 시간 준수, 과제제출
(2) 주어진 일에 대한 업무조절 능력
2) 직원과의 관계(실습지도자, 타 직원, 타 전문직 직원)
3) 다른 실습생과의 관계
4) 실습에 있어서의 적극성 및 자발성

7. 전문적 태도에 대한 평가
1) 사회복지사로서 실습생 자신의 장·단점에 대한 인식
2) 전문가로서 윤리 및 가치관의 이행

8. 실습지도 활용 정도에 대한 평가
1) 실습생 자신의 실습지도 활용정도에 대한 평가
(1) 기관 실습지도
(2) 대학 실습지도
2) 실습지도 자체에 대한 평가
(1) 기관 실습지도
(2) 대학 실습지도

9. 기관 이해도에 대한 평가
   1) 실습생의 과업과 관련된 기관의 목적, 정책, 행정 절차에 대한 이해
   2) 실습생으로서의 기관 내의 권한과 한계에 대한 인식

10. 실습기간 중 가장 유익했던 내용

11. 실습기간 중 가장 안 좋았던 내용

12. 실습기관, 실습지도자, 대학에 대한 건의사항

13. 기타 하고 싶은 말

CHAPTER 12

사회복지 프로그램 프로포절 작성법

1. 사회복지 프로그램

사회복지 프로그램은 사회복지 분야에서 특정한 목적 달성을 위하여 자원과 기술이 투입되어 절차에 따라 이루어지는 조직의 계획적 활동체계이다. 사회복지 프로그램은 다양한 문제를 가진 대상자들에게 효과적이고 효율적인 방법으로 복지서비스를 제공하기 위한 것이다

사회복지 프로그램의 기본적 구성요소는 목적과 서비스 제공을 위한 계획된 활동, 자원과 기술을 들 수 있다(김종명 외, 2017). Royce, Thyer, Padgett와 Logan(2001)은 운영인력, 예산, 안정적인 기금, 고유의 정체성, 명확한 서비스 철학, 증거에 기초한 조사, 개념적 · 이론적 기반 확립, 실증적인 평가를 위한 체계적 노력으로 본다.

2. 사회복지 프로그램 개발

Midgley(1995)는 사회복지 프로그램 개발을 통합적 관점으로 보아서 '경제개발의 역동적 과정과 연계하여 모든 사람들의 복리를 증진시키기 위한 계획된 사회변화의 과정'이라고 정의했다. 프로그램 개발이란, 새로운 프로그램을 만들어 내거나 기존의 프로그램을 수정 또는 보완하여 더욱 체계적이고 효과적인 프로그램으로 개선시키는 노력과 과정을 의미한다고 했고, 프로그램을 개발한다는 의미에 기존과 달리

대두되고 있는 문제를 해결하나 욕구를 충족할 수 있는 새로운 프로그램을 기획하는 것에서부터 기존에 수행된 프로그램을 개선하기 위해 실행방법에 변화를 가져오는 것까지 포함하였다(이민홍 · 정병오, 2012). 프로그램 개발의 범위에는 프로그램의 기획(planning) 및 설계(design), 실행(implementation), 평가(evaluation) 등이 포함된다. 사회복지 프로그램 개발은 특정 목적을 달성하기 위해 프로그램을 기획과 설계, 프로그램 실행, 프로그램 평가까지의 전 과정을 의미한다.

3. 사회복지 프로그램의 개발 과정

1) 3단계 과정

프로그램 개발의 개념화를 통해 사회복지 프로그램 개발과정은 기획 및 설계(planning and design), 실행(implementation), 평가(evaluation) 등으로 요약될 수 있다.

준비/ 계획 단계	실행 단계	평가 단계
① 예비조사 ② 문제 확인/ 욕구 측정 ③ 목표 설정/ 수립 ④ 개입전략(대안 선택, 프로그램 설계 ⑤ 자원동원(예산, 인적/ 물적 자원 등) ⑥ 관리정보 시스템 ⑦ 평가계획	① 프로그램 실행 ② 진행과정 점검	① 과정/ 형성평가 ② 결과/ 총괄평가 – 효과성 – 효율성 – 서비스 질 – 이용자 만족도

|그림 12-1| 프로그램 개발과 평가

출처 : 정무성 · 정진모(2001).

이 사회복지 프로그램 개발과정은 기획 및 설계, 실행, 평가 등이 순차적으로 실행되는 것이 아니고, 통합적 · 순환적으로 이루어진다. 프로그램 단계가 분절적이지 않고 상호작용하기에 프로그램의 기획 및 설계가 먼저 수행되며, 다음으로 실행이나 평가가 이루어지기보다는 처음과 끝의 구분이 명확하지 않을 만큼 방향성이 모호하게 순환적으로 이루어진다.

2) 6단계 과정

가장 먼저 문제를 정의하고 욕구를 확인하는 과정에, 관련 정보의 확보, 문제에 대한 해결 대안을 개발하고 사정하는 단계, 이 중 최선의 대안을 택하고, 그 대안을 실행한 후 이에 대한 환류까지 하는 단계가 있어 6단계로 정리해 볼 수 있다. 이 또한 3단계와 마찬가지로 선형적이기보다는 통합적, 순환적이다.

문제의 정의 및 욕구 확인 → 관련 정보의 확보 → 해결 대안의 개발 및 사정 → 최선의 대안 선택 → 대안의 실행 → 환류

3) 8단계 과정

조사과정을 포함시켜 단계를 세분하면 다음과 같다.

예비조사 → 프로그램 설계 → 문제분석 → 욕구측정 → 서비스 대상자의 선정 → 목표설정 → 프로그램 활동 내용 구성 → 예산 수립

4. 사회복지 프로그램 평가

1) 사회복지 프로그램 평가의 개념

정무성(2005)은 프로그램 평가를 한 기관의 전체 또는 선별된 사회복지 프로그램의 효율·효과 및 적절성을 철저하게 비판적으로 검토하는 과정이라고 했다. 프로그램 평가의 기능으로는 프로그램 계획이나 운영과정에 필요한 정보 확보, 바람직하게 추진되도록 노력하는 환류기능, 담당자가 프로그램 계획과정에서 행하는 활동에 대하여 사회적 책임을 지는 책임성 이행 기능, 보조적 목적으로서 프로그램 속에 내재된 변수들 간의 인과관계를 검증하여 이론 형성에 기여하는 기능, 평가를 통해 사회복지기관이나 시설에서 사회복지전문가로서의 의무를 이행하고 윤리를 지키는 기능 등으로 들고 있다(정무성, 2005).

- 프로그램 평가의 준비과정
- 프로그램 평가의 유형
- 프로그램 평가의 절차와 도구
- 성과평가 전략

2) 프로그램 평가의 중요성

- 평가는 사회복지 프로그램의 관리능력을 향상시킨다.
- 평가는 사회복지기관의 관리자가 합리적 의사결정을 향상시킨다.
- 평가는 사회복지기관의 지식기반을 확대하기 위해서 필요하다.
- 평가는 사회복지 프로그램의 자원을 조정하고 개발하는 데 영향을 미치게 된다.
- 평가는 사회복지기관의 책무성을 입증하기 위해 필요하다.
- 평가는 사회복지법에 따라 실행된다.

5. 사회복지 프로포절 작성

1) 개 요

프로포절(proposal)이란 사회복지기관들이 수행하고자 하는 프로그램의 내용을 설명하는 사업제안서를 의미한다. 이는 사회복지사가 기획하고, 개발한 프로그램에 대한 구체적 실행지침일 뿐만 아니라 이를 대내외적으로 인증받기 위한 근거이자 필요조건이기도 하므로 경쟁력을 높여 서비스의 질을 개선하고 기금 배분의 투명성을 확보하기 위해 대부분의 기금주들이 기본적으로 요구하는 서류이다. 프로포절을 어떻게 작성하는가는 프로그램의 예산 확보에 크게 영향을 미치고 추후 프로그램의 평가에도 근거자료로서 활용된다. 프로포절 작성의 일차적 목적은 사업 수행에 필요한 재원을 확보하는 것이므로 필요한 재원을 가진 기금주가 프로포절 심사에서 어떤 사항을 고려하는지에 대해 살펴볼 필요가 있다.

기금주가 고려하는 사항으로는 문제의 심각성, 프로그램의 참신성과 효과성, 프로그램 운영의 비용효율성, 기관의 능력과 직원들의 전문성 등이 있다. 기본적으로 사회복지의 가치가 반영되어 있어야 하며, 실현 가능성, 기관의 준비성, 기록의 신뢰성 등을 제시할 수 있어야 한다.

① **표지** : 프로그램의 전반적 개요와 특성을 집약

② **문제분석** : 면밀한 분석을 통해서 해당 사회문제의 심각성을 강조

③ **대상자 선정** : 일반집단, 위험집단, 표적집단, 클라이언트집단

④ **목표설정**

- 목적 : 프로그램을 통해 궁극적으로 달성하고자 하는 지향점
- 목표 : 목적을 보다 구체화하여 측정 가능한 형태로 기술한 것
- 목표의 구분 : 소비자목표, 활동목표, 성취목표, 영향목표, 산출목표, 성과목표

⑤ **활동 내용** : 프로그램 구조, 담당인력, 프로그램 진행일정

⑥ **예산수립** : 프로그램의 총예산을 각 항목의 산출근거와 함께 제시

⑦ **평가계획** : 프로그램 수행에 따른 경과를 평가하기 위해 구체적으로 제시

2) 작성법

① 심사가 빠른 시간 내에 이루어지므로 쉽게 이해할 수 있고 눈에 띄어야 한다.

② 일관성을 가지고 논리적으로 써야 한다.

③ 기금을 배분하는 기관과 기금의 특성에 맞는 프로그램을 제안해야 한다.

④ 실행자와 실행기관이 가진 강점을 활용해야 하고 이것이 설명되어야 한다.

⑤ 강점에 기반한 기대효과를 제시하면 좋다.

⑥ 이론적 기반을 제시하면 설득력이 커진다.

⑦ 증빙서류가 풍부하면 실행력을 높이 평가받는다.

⑧ 사업효과를 검증할 수 있는 평가계획이 필요하다.

⑨ 사업 결과에서 더 나아가 사회적인 반향을 일으킬 수 있는 변화의 기대 지점이 있으면 더 좋다.

⑩ 기관에 따라서는 '성과확산형', '성과중심형', '산출중심형', '기능보강형'으로 제시하여 각 사업의 특성에 따른 기획과 평가의 틀을 제시하는 경우도 있다(사회복지공동모금회, 2021). 이를 참고하여 사업을 구상할 때에 지역사회와 사회에 파급력(impact)을 지향하는 사업, 참여자의 문제해결과 역량강화 혹은 삶의 조건 개선을 목표로 하는 성과지향 사업, 성과측정은 어렵지만 다양한 기회의 제공이나 지원을 통해 프로그램 참여자에게 도움을 줄 수 있는 사업, 장비와 개보수 등의 기능보강을 지원하는 사업으로 나누어서 특성에 맞게 프로포절을 작성할 수 있다.

3) 주의할 점

신청기관 및 시설에 대한 정확한 표현을 사용해야 한다. 지원을 하는 기업이나 기관의 입장에서는 신청기관의 사업수행 능력이 얼마나 되는가가 매우 중요하다. 또한 비영리기관이 확실한가, 이사회 및 위원회, 주요 임원들의 구성이 적절한가, 운영위원회 등 투명성과 개방성이 보장되는가에 대한 검토도 이루어지게 된다. 신청기관의 신뢰할 만한 활동을 입증해야 한다. 과거의 활동에서 기관의 신뢰성에 의심이 가는 조치를 받은 적은 없는지, 일정 기간 동안 신뢰할 만한 활동을 해왔는지도 중요하기 때문에 기관의 평판에 늘 신경을 써야 한다. 신청기관의 신청사업 간의 부합성을 확인해야 한다. 특히 지원신청을 한 분야의 활동에 있어 자격을 입증할 만한 활동을 드러내는 것이 좋다.

신청사업의 의의와 필요성에 대해 설득력 있는 표현을 사용해야 한다. 사업의 필요성을 파악하기 위하여 사전 욕구조사를 행하는 것이 좋으며, 모든 문제를 해결하려는 듯 과장된 사업목표를 지니고 있지는 않은지 검토해야 한다. 객관적 자료를 인용하여 통계적 근거를 제시하고 지원기관 혹은 프로그램 수행자의 입장이 아닌 클라이언트의 욕구와 문제의 입장에서 서술하고 있는가를 항상 유념해야 한다.

독창적인 사업이 좋다. 타 기관이나 단체에서 행하지 않는 사업이 유리하며 신청기관에서 일상 사업을 행하고 있던 사업은 좋지 않다. 또한 신규사업이라면 기타 시범적 성격을 입증할 만한 타당한 근거를 제시하여야 하고 향후 유사한 환경의 타 기관들에게 파급효과가 있는지도 살펴보아야 한다.

사업은 명확해야 한다. 클라이언트가 지닌 문제나 욕구에 대응한 목표가 최소한 하나씩 있어야 하고, 사업의 목적과 과정, 결과에 대하여 정확하게 언급해야 한다. 특히 프로그램의 성과를 달성할 수 있는지 그 성공을 판가름할 기준을 명확하게 설명하고 있어야 한다. 이러한 성과평가뿐 아니라 프로그램 과정 중 수행방법을 평가하고 개선하기 위한 계획을 가지고 있는가, 확고한 사례를 제공하고 있는가에 대해서도 프로그램 수행과정 내내 검토가 이루어져야 한다.

사업의 실현 가능성이 중요하다. 프로포절 작성 내내 기획에만 의미를 두고 근거 없는 가정을 하고 있지는 않은가, 클라이언트 집단을 분명히 하고 있는가, 목표 달성 시기를 명확히 하였는가, 월별 또는 단계별 추진 일정이 합리적으로 구성되어 있는가, 무리한 인적·물적 자원 동원을 계획하고 있지는 않은가 등에 대한 점검이 실현 가능성을 높여줄 수 있다.

사업의 수행 수단의 적절성을 드러내야 한다. 기획, 실행, 평가 과정은 모두 전문가에 의해 이루어지는 것이 좋다. 외부 인력을 초빙해서라도 수행능력을 증명해 주어야 한다. 사업 수행 수단의 적절성은 프로그램의 실질적 활동단계에서의 투입인력 및 시간의 적정성, 담당 인력의 전문성, 전문 인력의 투입과 지역사회의 자원동원의 적절성 등이 검토 대상이 된다. 전담하는 인력을 한 명 이상 확보하는 것이 좋다.

예산의 적절한 편성은 항목의 적절성, 산출 근거의 구체성, 외부 자원 동원 계획 등을 통해 확인된다. 자부담의 내용이 억지스럽지는 않은지, 인건비가 과하게 책정되지는 않았는지 살펴봐야 한다. 특히 지원기관의 입장에서 프로그램의 효과성과 효율성을 입증하기에 클라이언트 인원당 투입 비용이 과다하지 않은지에 대해서도 적정성을 검토해야 한다.

지원 서류를 꼼꼼하게 검토해야 한다. 마무리 단계는 초고의 교정, 축소 및 압축 등으로 이루어지며, 작성된 초고를 깔끔하게 다듬어야 한다. 불필요한 사실들은 삭제하고, 과다한 정보도 삭제해야 하며, 일반적인 사항은 삭제하고 독특하고 특별한 사항들을 포함한다. 문체는 동일한 단어 및 동의어의 반복을 피하고, 형용사, 부사 및 수식어를 삭제하며, 지나치게 세부적인 사항들은 피해야 한다. 3인칭을 사용하여 긍정적인 단어로 긍정적인 자세를 표출해 내고 맞춤법과 철자법에 유의하여야 한다. 프로포절 작성은 신청 사업이 주는 타당성과 신뢰성 등에서 종합적인 인상이 긍정적으로 작용할 수 있도록 희망적인 메시지를 담고 있어야 한다. 사회복지기관이 재단이나 개인에게 재정적인 지원을 받기 위해서는 참신하고 결정적인 내용이 담긴 기획서를 작성해야 한다. 특히 요약서를 통해 당락이 결정될 수 있음을 명심하고 그것을 읽는 사람이 결정을 내리는 데 필요한 모든 정보를 강렬하게 전달할 수 있도록 한다.

4) 심사기준

〈표 12-1〉 심사기준 : 2022년 (재)바보의나눔 공모배분사업 안내(예시)

지향성	단체, 사업의 가치와 재단의 가치 부합 정도 등
적합성	사업이 제안하는 변화 내용의 적합성
수행역량	단체의 준비성, 활동, 연대, 대응계획 등
투명성 및 책임성	예산의 구성 정도, 투명한 수행, 책무성 노력 등
정성평가	이 외의 요소까지 모두 고려한 종합적 검토

사업수행기관에 대해서는 신뢰성, 적합성, 목표의 타당성, 실현 가능성, 투입요소의 적절성, 사업담당자의 능력을 심사하고, 사업에 대해서는 사업수행능력, 자원동원능력, 예산의 합리성, 효율성, 효과성, 파급력을 심사한다.

5) 프로포절 작성의 단계

(1) 준비단계

주제에 대한 이해를 바탕으로 그 필요성을 주장할 수 있고, 사업의 배경과 방향을 제시하며, 유사사업이나 관련 연구 등을 연관지어서 사업의 당위성을 표현하는 단계이다.

(2) 작성단계

문제상황을 분석하고 클라이언트와 지역사회의 욕구를 파악하고 조사하는 단계이다. 프로그램의 목적, 목표, 평가방법을 제시할 수 있어야 하고, 프로그램에 대한 표현능력, 사업수행방법, 홍보, 예산작성 능력을 갖추어 프로포절을 보고 이해할 수 있도록 간명하게 서술하는 것이 좋다.

① 표지

일반적으로 프로포절은 표지, 문제 분석, 대상자 선정, 목적 및 목표 설정, 활동내용, 예산, 평가계획 등으로 구성된다. 사업결정자들은 표지 한 장에 함축된 사업개요를 보고 프로그램의 중요성과 지원 여부를 결정하므로 프로그램 확정에 매우 중요한 역할을 하며, 프로그램의 외부 인증에서 가장 중요한 얼굴과 같은 역할을 한다. 지원기관의 특성에 따라 기관이나 운영법인의 연혁을 기록하도록 한 경우 신청하는 프로그램과 관련된 실적을 강조해서 제시한다. 프로그램에 관한 부분에서 가장 중요한 것이 사업명이다. 제목을 구체적으로 작성함으로써 정책결정자에게 프로그램의 목적을 쉽게 전달하도록 한다. 프로그램의 제목과 부제를 포함하여 사업의 정당성과 의미 그리고 그 효과성이나 의도가 충분하게 반영되도록 한두 줄로 집약시키는 것이 관건이다.

사업명에는 프로그램의 대상, 목적, 방법이 제시되어야 한다. 프로그램의 내용을 정확하게 반영함과 동시에 설득시킬 수 있도록 쉬우면서도 의미 있는 형태로 구성해야 한다. 제목은 희망적이면서도 전문성이 포함되어 있거나, 시대적 이슈를 반영하는 톡톡 튀는 아이디어들로부터 나올 때 더 관심을 끌게 될 것이다. 제목으로 충분한 의사전달이 어려운 경우 부제를 통하여 의미전달을 할 수 있으며, 필요한 경우 시기성 있는 노래나 책, 영화 제목 등을 인용한다. 수많은 서류 속에서 바쁜 하루를 보내며 꼼꼼히 기획서를 살펴볼 겨를이 없는 심사자에게 강한 인상을 줄 수 있는 강력하고 간결한 한 장짜리 요약서를 잘 작성해야 한다.

② 문제분석

사회복지 프로그램 기획은 문제가 심각할수록 지원 당위성이 높아지므로 통찰력을 가지고 사회문제를 잘 찾아내는 것이 필요하다. 정의된 문제는 신청 프로그램이 궁극적으로 해결하고자 하는 목적과 연관되고 문제의 원인은 신청 프로그램이 달성해야 할 목표와 연관되기 때문에 원인을 정확하게 파악할 경우 구체적인 목표를 제시할 수 있게 된다. 선행연구, 이론적 근거, 통계자료, 욕구조사, 언론보도내용 등을 통해 보다 논리적으로 객관화시켜 기술해야 설득력을 가질 수 있다. 잠재적인 클라이언트를 만나보거나 전문가 그룹 혹은 이해관계가 있는 사람을 만나 인터뷰의 내용을 객관적으로 인용하는 방법도 좋다. 프로포절이 지원되었을 때 당사자와 지역사회에 어떠한 변화가 일어날 것이고, 그것의 사회적 비용효과는 얼마나 될 것인지를 제시하는 것이 바람직하다.

③ 대상자 선정

프로그램 대상자 선정은 프로그램을 통해 영향을 미치고 변화되는 대상이 누구인가를 명확하게 제시하는 것이다. 사업의 필요성에서 제시된 문제와 욕구를 가진 집단을 구체적으로 기술해야 한다. 대상집단, 즉 클라이언트의 숫자를 산출하기 위해 일반대상, 위기대상, 표적대상, 클라이언트로 구분하여 위계적으로 실인원을 추정한다. 사업의 대상자를 명확하게 하는 것은 효과성과 효율성을 높이게 되므로 프로그램이 누구를 위한 것인지 명시하는 것이 중요하다.

가. 일반대상

서비스를 제공할 대상이 속해 있는 전체의 인구집단 또는 지역의 일반 인구집단을 의미하기 때문에 주로 인구주택센서스, 정부부처 및 지방자치단체 통계연보를 이용하여 해당집단의 규모를 제시해 준다. 특정 욕구나 문제가 표출되어 확인된 집단과 욕구가 표출되지 않은 잠재된 집단 그리고 욕구를 전혀 가지고 있지 않거나 이미 해결된 비해당 집단이 모두 포함된다.

나. 위기대상

위기대상은 해결해야 할 과제 혹은 문제에 노출되어 있는 집단을 말하며 시행하고자 하는 프로그램의 잠재적 대상자로 실제로 욕구가 표출 또는 확인된 대상도 있으나, 욕구를 확인하지 못하거나 표현하지 않은 경우도 포함되어 있다. 위기대상은 대부분 국민기초생활보장수급자나 장애인 수, 혹은 노인 수처럼 보건복지통계연보 등 각종 자료에 정확하게 포함된 경우가 있지만 노숙인, 결식아동, 가출청소년 등과 같이 비공식 자료 혹은 불분명한 자료로 인하여 추정해야 하는 경우도 있다. 추정을 통해 위기대상을 선정한 경우에는 추정방식을 구체적으로 제시해 주는 것이 좋다.

다. 표적대상

표적대상은 프로그램 제공을 통해 문제해결의 대상으로 삼는 인구 집단을 의미한다. 즉, 시설에서 반드시 서비스를 제공해야 하는 대상이거나, 프로그램을 실시할 경우 직접적으로 프로그램에 참여할 자격을 가진 대상이다. 위기대상으로부터 표적대상을 추출할 때는 기준을 정하여 문제의 심각성이 높은 대상을 선정하되, 접근성이 있는 사람들로 한정하여야 한다.

라. 클라이언트

프로그램에 직접 참여하게 되는 사람들을 의미하므로 주로 자발적인 참여 신청이나 주변 혹은 사회복지기관의 추천을 받아 결정하게 될 것이다. 사회복지 프로그램에의 참여가 가능한 클라이언트는 기획과 예산, 자원 정도, 기관의 특성과 이념 및 미션에 부합하는 사람들로 결정되며, 무엇보다 클라이언트의 자발성이 강조되어야 한다. 진행되는 프로그램 실적의 대상으로 표적집단 중에서 선정되므로 클라이언트 수를 정하는 데에는 최대한 근거 있는 계량적이고 과학적인 자료를 사용하는 것이 좋다. 자료가 없을 경우는 가장 합리적이라고 판단되는 방법을 적용하여 추정하는데 형평성 등을 고려하여 적절한 비율로 반영될 수 있도록 해야 한다. 그러나 사회복지 생활시설이나 특수계층의 경우 표적집단 전체를 대상으로 하는 경우 표적집단과 클라이언트 수가 동일할 수 있다.

④ 사업 목적 및 목표

사회복지 프로그램 기획에서의 사업 목적은 프로그램이 추구하고자 하는 사업방향을 말한다. 이러한 목적은 목표(goal)에 의해 표현되어야 한다. 목적은 추상적이어서 측정 가능하거나 성취 가능할 필요가 없는 특성이고, 목표는 프로그램이 변화시키려고 하는 상황이나 문제에 대한 기준을 설정하는 것으로 프로그램 활동의 결과로서 기대되는 변화의 정도이다. 목표는 목적을 보다 구체화하여 방향성을 제시하는 것이지만 여전히 추상적인 용어로 표현되므로 프로포절에서 가장 중요한 것은 세부 목표이다. 세부 목표는 하위목표라고도 하는데 프로그램을 통해 구체적으로 달성하고자 하는 것에 대한 설명이다. 프로그램이 잘 진행되려면 결과적으로 이 세부 목표가 달성되어야 하는 것이다.

최근에는 논리모델에 의한 성과목표와 산출목표를 기록하도록 하는 곳이 늘고 있는데 성과목표는 사업의 결과로 나타나는 효과 또는 변화를 나타낸다. 성과란 서비스 제공 후 이용자의 상태와 그 변화 정도를 나타내는데 지식, 기술, 태도의 변화 등은 초기성과로 기록되며 행동의 변화는 중간성과, 클라이언트의 조건 및 지위의 변화 등 장기성과를 기록한다. 사회복지 프로그램의 성과목표는 클라이언트의 '삶의 질' 변화와 관련된다. 산출목표는 과정목표라고도 하는데 성과목표를 산출해 내기 위해 이용자의 수를 정하거나 프로그램 수행시간을 정하는 것을 말한다. 프로그램 과정을 모니터하고 통제하여 과업목표가 달성되는 방향으로 진행되도록 하기 위한 것으로 투입할 노력의 양을 의미한다.

⑤ 활동 내용

활동 내용은 세부 사업 내용을 기록하는 것이다. 세부 목표의 하위체계로서 세부 프로그램의 구성과 클라이언트의 참여 정도, 수행인력, 사업 진행 일정, 홍보 방법, 지역자원 활용 계획 등을 다룬다. 세부 프로그램의 구성은 프로그램의 효과성, 효율성, 매력성을 극대화하기 위한 것으로 참가자의 욕구와 실천가의 의도, 활동상황이 결합되어 구성되므로 하나의 행동체계가 되는 것이다. 사업목적 및 목표에서 제시한 성과목표를 기입해 주고, 성과목표에 따른 프로그램명, 구체적인 수행방법, 시행

시기, 수행인력, 시행횟수나 시간 등을 기록한다.

프로그램의 담당인력은 슈퍼바이저, 스태프, 자원봉사자들을 모두 포함시키되, 실명으로 기재하는 것이 원칙이다. 특히 담당인력의 경력이나 학력은 프로그램의 수행능력을 평가하는 매우 중요한 기준이기 때문에 구체적으로 명시할 필요가 있다.

사업 진행 일정에서 일정표는 프로그램의 내용과 수행방법을 진행일정에 따라 재구성한 것으로, 프로그램의 기간, 간격, 소요시간 등을 포함한다. 사업 진행 일정은 통상 1쪽 이내로 작성하여야 한다. 월별로 추진될 프로그램명 또는 일정 내용을 간략하게 기술하고 해당되는 달에 화살표(→)로 시작과 종결시점을 명확히 기입해 주는 방식이다.

홍보계획은 사업을 홍보하기 위한 계획으로 프로그램의 목적과 대상을 고려하여 홍보방법, 횟수, 매체활동 정도 등을 구체적으로 기입하도록 하고 있다. 기관이 속해있는 지역의 지역주민, 지방자치단체, 타 복지기관 등에 기관의 사업을 홍보할 수 있는 방법을 수록해야 하며 대체로 리플릿 등의 홍보물, 홍보지, 인터넷 홍보, 언론 및 방송매체 활용 등이 홍보수단으로 활용된다.

지역자원 활용계획이란, 프로그램의 성공적인 성과 도출을 위해 현재 시설이나 기관에서 유지하고 있는 지역자원을 어떻게 활용할 수 있는가를 구체적으로 기입하는 것이다. 유사사업을 수행하거나 프로그램 수행에 필요한 자원을 확보하고 있는 기관과의 연계계획 등이 기록되며 예상 실적 등을 추정하여 기록할 수 있도록 하고 있다. 주로 사례 연계, 자원봉사자 지원 및 추천, 홍보 협조 등이다.

⑥ 예산수립

프로그램을 운영하는 데 드는 비용은 예산으로 표현된다. 예산 계획은 신청 프로그램의 총예산을 인건비, 사업비, 관리비, 기자재 및 집기 구입비, 수용비 등 항목으로 나누어 각 항목의 산출근거를 구체적으로 제시한 것이다. 대부분의 기금들은 직접 경비만을 지원하는 것을 원칙으로 하고 있어 프로그램의 예산은 직접 경비와 간접 경비를 구분해서 제시한다. 최근 공동모금회의 경우 신청 금액의 20%까지 인건비를 신청할 수 있도록 하면서 간접 경비 일부를 지원받을 수 있게 되었고, 사업에 직접 투입되는 비용만 예산 계획에 기입하도록 하고 있어 직접비와 간접비의 구분 없이 비율만 기록하도록 하거나, 구분 없이 예산 조달 계획에는 신청분과 자부담 정도만을 구분하도록 하고 있다. 프로그램 사업의 경우 자부담이 없어도 신청가능하도록 하고 있으나, 프로그램 내용에 따라 간접 경비를 자부담으로 높이 책정할 경우 프로그램의 총경비가 늘어나 효율성 평가에서 불이익을 받을 수 있음을 유의해야 한다. 예산 수립 시 사업의 직접 세목은 너무 구체적으로 작성하거나 포괄적으로 작성하기보다는 프로그램 단위별로 작성하는 것이 추후 예산변경 등의 업무처리에 있어 효율적이 될 수 있다. 신청금액에 대한 비율은 신청금액 대비 각 항목이 차지하는 비율을, 자부담의 경우 전체 자부담 대비 해당 자부담의 비율을 산출하여 기입하도록 하고 있으며, 자부담 재원은 자체예산, 외부지원(지원처), 수익금(참가비 등) 등으로 구분하여 기입하도록 하고 있다.

⑦ 평가계획

평가방법에는 질적 평가나 양적 평가 중 어떤 방법들을 구체적으로 어떻게 사용할 것인지를 제시하면 된다. 과정평가계획은 일정표에 설정된 진행과업의 시기별 공정표를 작성하는 것으로 대신하지만, 최근 중요성이 대두된 성과 평가(효과 평가)의 경우 구체적인 성과 지표, 측정 도구, 평가방법을 구체적으로 제시하도록 한다. 사회복지공동모금회에서 제시한 평가계획의 성과지표는 성과목표가 결정되면 성과를 측정할 수 있는 지표로 측정 가능하도록 해주는 척도 혹은 측정 도구가 필요하다. 성과지표는 구체적으로 변화량, 빈도, 수 혹은 퍼센트(%) 등으로 제시해 주어야 하며 제시된 지표를 통해 변화의 증감정도를 확인할 수 있어야 한다.

자료원은 해당 자료를 누가 가지고 있는가에 관한 항목으로, 자료원은 사람이 될 수도 있고, 기록물이 될 수도 있다. 자료수집 방법은 해당 자료를 어떻게 수집할 수 있는가에 관한 항목이며, 자료수집 시기의 해당 자료를 프로그램 수행 기간 중 혹은 종료 후 언제 수집하는가에 관한 항목을 구분하도록 하고 있다. 예를 들면 월, 분기, 상·하반기, 사전-사후 등을 기록하면 된다.

(3) 결과보고 단계

사업수행 과정과 결과를 구체적으로 기록하며, 프로그램 만족도를 평가하고, 개별 클라이언트의 변화를 찾아내며, 프로그램 효과성을 평가할 수 있도록 실험설계하고 결과를 해석하는 단계이다. 프로그램 평가를 위한 적절한 평가지표, 목표값, 평가 도구, 평가방법 설정 및 활용능력이 필요하다.

예시 공동모금회 〈성과중심형〉 사업계획서(2020년 배분신청서 표준양식)

1. 사업명 : 대상 목적 방법

- 대상, 목적, 방법과 관련된 정보를 담은 사업명을 적어주십시오.[슬로건은 부제(副題)로 병기해주세요]

2. 사업 내용 및 추진 전략

1) 사업 참여자 모집 전략

(1) 참여 대상 및 인원

핵심 참여자	
주변 참여자	

- 누가 이 사업에 참여합니까?
  - (**핵심 참여자**) 성과를 측정하게 되는 대상은 누구이며, 인원은 몇 명입니까?
    (이 사업에 참여하게 함으로써 누구의 변화를 이끌어 내려고 하는 것입니까?)
  - (**주변 참여자**) 성과측정 대상은 아니지만 핵심 참여자의 변화를 이끌어 내는 데 중요한 역할을 하는 사람은 누구이며, 인원은 몇 명입니까?

(2) 참여자 선정 기준

- 어떤 기준을 세워서 참여자를 모집하게 됩니까?

(3) 참여자 모집 방안

- 기준에 적합한 참여자를 어떻게 모집할 예정입니까?

2) 사업 내용 및 사업 집행 전략

- 아래 내용을 모두 포괄하되, 자유롭게(질문순서에 상관없이) 표현해 주시기 바랍니다.
  - 전체 사업을 몇 개의 세부 사업으로 분류한다면 어떻게 구성될 수 있습니까?
  - 사업을 어떻게 추진할 것인지에 대하여 세부 사업별 시행방법, 시행 시기 및 횟수, 사업 진행 일정 등 구체적인 정보를 담아서 기술해 주시기 바랍니다.

3) 기관 연계협력 전략

- 위의 사업 집행 전략과 관련하여, 지역사회 내(또는 그 범위를 넘어서) 어떤 기관들과 유기적인 협조관계를 가질 것인지에 대하여 아래 내용을 포함하여 기술해 주시기 바랍니다.
  - 협력 기관이 세부 사업에서 어떤 역할을 담당하게 되는지, 그때 신청기관의 역할은 무엇인지, 이러한 협력체계는 어떤 절차를 통해 진행되는지 등

3. 예산 편성

(단위 : 원)

목	세목	세세목	계	산출근거	예산조달 계획				
					신청금액	비율 (%)	자부담	비율 (%)	자부담 재원
총 계									
인건비									
	소 계								
사업비									
	소 계								
관리운영비									
	소 계								

• 사업에 직접 투입되는 비용을 인건비, 사업비, 관리운영비로 구분하여 작성해 주시기 바랍니다.
  – **(인건비)** 해당사업을 직접적으로 수행하는 인력에게 투입되는 비용
  – **(사업비)** 프로그램 수행에 필요한 직접비용
  – **(관리운영비)** 프로그램의 수행에 필요한 간접비용(사업관리에 필요한 비용)
  – 예산 수립 시 예산편성기준표를 참고하여 주시기 바랍니다.
• 세목은 세부 사업별로 구분하고 단위가 큰 경우 세세목으로 구분하여 작성하시기 바랍니다.
• 산출근거는 실제 단가, 수량, 인원수, 건수, 횟수 등을 구체적으로 기록해 주시기 바랍니다.

4. 문제 의식(사업 필요성)

1) 사업 계획 배경

• 왜 이 사업을 기획하게 되었습니까?
  – 귀 기관이 관심을 가지기 전에는 어떤 상태에 있었는지, 인근 다른 지역에도 유사한 상황이 있다면 어떻게 대응하고 있는지에 대해서도 서술해 주시기 바랍니다.

2) 기존 유사사업과의 차별성

• 기존의 시각이나 접근방식과 다른 점은 무엇입니까?

3) 신청기관의 강점

• 이 사업을 신청기관에서 수행해야 하는 이유에 대해 사전조사 내용, 관련 분야 수행 경험 등을 포함하여 기재해 주시기 바랍니다.

5. 목표 및 평가

1) 산출목표

세부 사업명	산출목표	모니터링 방법

- 성과목표를 달성하기 위해 이끌어 내야 하고 모니터링해야 하는 산출목표는 무엇입니까?

2) 성과목표 및 평가 방법

성과목표	평가 도구 및 방법	측정 시기

- **(성과목표)** 성과목표와 관련하여 아래 내용들에 대해 작성해 주시기 바랍니다.
  - 핵심 참여자의 어떤 부분을 어느 수준까지 변화시키는 것입니까?
  - 작성하고자 하는 성과목표가 이후에 기술되는 평가 방법을 통해 달성 여부를 알 수 있게 됩니까?
  - (성과라고 강조하고 싶은데) 양적으로 드러내기(수치화하기) 어려운 성과목표가 있다면 무엇입니까?
  - 앞서 기술하신 사업내용과 성과목표를 논리적으로 연결하여 작성해 주십시오.
- **(평가 도구 및 방법/ 측정 시기)** 성과목표 달성 여부와 정도를 어떻게 평가하실 건가요?
  - 성과목표 달성 여부와 정도를 판단하기 위해 어떤 성과지표를 설정하실 건가요?
  - 제시된 성과목표에 대한 평가계획(자료수집방법, 측정시기 등)은 어떠한가요?
  - 수치화하기 어려운 성과목표가 있다면 어떤 평가방법을 통해 변화의 수준과 의미를 드러내실 건가요?

6. 사업종료 후 지향점

1) 사업 수행으로 인한 기대 효과

- 이 사업이 성공적으로 수행된다면 기대되는 효과는 무엇입니까?

2) 사업 결과의 활용 계획

- 사업의 효과로 나타난 결과를 어떻게 활용할 계획입니까?
- 사업 결과를 통해 유사기관이나 지역사회에 꼭 알리고 싶은 이야기가 있다면 무엇입니까?

CHAPTER 13

사례관리 운영과정 기록

사례관리는 사회복지현장에서 많이 사용하고 있는 실천과정이다. 13장에서는 사례관리 운영과정을 이해하고 단계별로 필요한 서식에 적합하게 기록을 작성할 수 있도록 사례관리 운영과정을 이해하고, 기록하는 방법에 대해 알아본다.

1. 사례관리 구성요소

사례관리란 복합적이고 다양한 욕구가 있는 클라이언트와 그 가족의 사회적 기능 회복을 돕는 실천방법이다(한국사례관리학회, 2016). 사례관리를 운영과정을 이해하기 전에 우선 사례관리가 어떻게 구성되어 있는지 아는 것이 필요하다. 사례관리 운영과정은 사례관리 구성요소의 일부이기 때문이다. 일반적으로 사례관리의 구성요소는 사례관리 서비스를 이용하는 사례관리 대상자, 사례관리 서비스를 제공하는 사례관리자, 사례관리 도구가 되는 사회자원, 사례관리가 운영되는 절차인 사례관리 과정 등이 있다.

1) 사례관리 대상자(클라이언트)

사회복지에서 도움을 받는 사람을 클라이언트라고 하는데, 사례관리에서는 클라이언트라는 용어보다 사례관리 서비스를 받는 대상자, 사례관리 서비스를 이용하는 이용자로 호칭된다. 본 장에서는 사례관리 서비스를 제공받는 대상자로 지칭하고자 한다. 사례관리 대상자는 단순한 욕구와 문제를 가지고 있어 하나 이상의 사회자원을 필요로 하지만 자원의 소재와 이용 방법에 대해 잘 모르는 사람을 말한다(한국사례관리학회, 2012). 복합적인 욕구란 대상자가 제시한 욕구가 한 가지 이상으로, 욕구의 개수가 많은 것을 의미하기보다는 대상자의 욕구가 서로 연결되어 더 큰 어려움에 노출된 것을 의미한다.

사례관리 대상자는 결핍, 빈곤, 질환, 무기력 등을 가지고 있지만 이는 드러난 모습일 수 있다. 많은 경우 사례관리 대상자는 잠재적인 능력, 과거의 성공 경험, 활기찬 성격, 인내력, 많은 자원의 소유 등 미처 알려지지 않은 강점을 안고 있는 경우가 많다. 그러므로 사례관리 대상자를 볼 때, 문제적 특징만 보는 것이 아니라, 그가 가지는 강점의 입장에서 접근하는 것이 훨씬 효과적이라는 평가이다(노혜련 · 김윤주, 2020).

또한 대상자는 단순히 서비스 수혜대상자가 아니라 환경을 변화시키고 자원을 찾아 활용할 수 있는 체계임을 기억해야 한다. 문제 중심 관점으로 통제하고 관리해야 하는 대상자로 바라보지 않도록 한다. 대상자 입장에서는 필요한 서비스 자원을 모르고 서비스 연계 방법에 익숙하지 않으므로 이에 대한 전문가의 도움을 받는 과정이 사례관리로 이해되어야 한다(전혜성 · 김정화 · 홍나미 외, 2021). 따라서 사례관리자는 대상자가 겪는 어려움과 문제를 해결하고 지역사회 주민으로 온전히 살아갈 수 있도록 욕구에 적합한 서비스를 찾아 연계하며 대상자가 역량을 갖출 수 있도록 지원해야 한다.

2) 사례관리자

사례관리자는 대상자가 수동적인 서비스 수혜자로서 역할에 머무르지 않고, 자신의 문제를 해결해 나갈 수 있는 문제해결자로서 사례관리 과정에 참여하며, 이를 통해 자신에게 필요한 사회적 자원을 직접 이용하고 접근할 수 있는 능력을 함양하도록 돕는 사람을 의미한다(이준우 · 최희철, 2014).

사례관리자는 사례관리 대상자로 선정된 클라이언트가 궁극적으로 지역사회에서 자원들을 연계하며 살아갈 수 있도록 역량을 강화하는 삶을 목적으로 한다. 사례관리자는 사례관리 대상자를 복합적이고 만성적인 욕구를 지닌 채 어려움을 겪고 있지만, 지속적인 보호와 서비스를 받으면서 역량을 강화하여 사회적 기능을 회복할 수 있는 존재로 인식해야 한다. 따라서 사례관리자는 사례관리 대상자가 그의 가족과 친구 등 의미 있는 타인과 관계를 맺고, 대상자가 관여된 기관의 담당자들과도 소통하면서 삶의 질을 향상시킬 수 있도록 지원한다.

사례관리는 쉽게 해결될 수 없는 욕구를 가진 클라이언트를 대상으로 개입하므로 지속적인 관여가 지속되는 시간에 비해 성과가 단기간에 드러나지 않고, 사례관리 업무량은 과중하여 스트레스가 높은 편이다. 따라서 사례관리자는 사례관리의 이론과 지식, 사회복지 가치와 철학을 분명하게 갖추어 소진을 예방할 수 있어야 한다(전혜성 · 김정화 · 홍나미 외, 2021). 이를 위해 사례관리자가 속한 기관에서는 다양한 재교육과 슈퍼비전 등을 사례관리자에게 제공하여 이들의 역량을 강화하고 지원해야 한다.

3) 사회자원

사회자원은 대상자의 복합적이고 장기적인 욕구를 충족시키는 인적 · 물적 서비스 요소를 의미한다. Frankel과 Gelman(2004)은 대상자를 서비스체계에 연결시키는 것을 강조하며, 대상자의 욕구를 충족시키기 위해 흩어져 있는 사회자원과 서비스를 하나로 묶어 제공하는 접착제 역할을 사례관리자의 중요한 역할로 규정하였다.

대상자가 필요로 하는 자원을 적절하게 연결하기 위해서 사례관리자는 지역사회에 존재하는 자원을 파악해야 한다. 만약 대상자가 기존에 가지고 있는 자원을 발견한다면, 적극적으로 활성화시키고, 적절한 자원이 없는 경우에는 필요에 따라 새로운 자원을 개발하여 연계해야 한다. 대상자에게 필요한 도움을 제공할 수 있도록 사례관리자는 관련 기관의 서비스 신청 절차와 과정, 작성 요령 등을 숙지하고 있어야 한다. 한편 자원을 발굴하여 대상자의 지지체계를 재구조화하는 것이 기존 환경에 익숙한 대상자에게는 낯설고 두려울 수 있음을 기억해야 한다. 변화에 대한 조급함을 버리고 변화의 중심축에 서있는 대상자의 입장에서 충분히 수용할 수 있도록 기다려 주는 태도를 가져야 한다(전혜성 · 김정화 · 홍나미 외, 2021).

사회자원으로는 공식적인 조직을 통해 대상자에게 서비스를 제공할 수 있는 공식자원, 항상 대상자 곁에 있으며(Rothman & Sager, 1998), 유연하고 융통성 있는 서비스를 제공하는 비공식자원, 대상자 문제해결에 중심적 역할을 하는 내적자원으로 구분되며 다음과 같은 내용을 포함한다.

- **공식자원** : 국가기관, 지방자치단체, 공공법인, 민간기관과 시설, 공식협의체, 사회단체
- **비공식자원** : 가족, 친척, 동료, 이웃, 자원봉사자
- **내적 자원** : 지능, 신체적 강점, 건강상태, 긍정적인 성향(정직, 자상, 낙관적, 인내, 친절 등), 개인의 경험, 영성 등

4) 사례관리 과정

사례관리 과정(process of case management)은 사례관리 실천의 목적을 달성하기 위해 수행하는 일련의 공통된 체계화된 과정이다(Holt, 2000). 사례관리 과정은 사례관리를 시간적으로 전개해 가는 요소로서 접수, 사정, 개입 계획, 서비스의 제공, 조정과 점검, 재사정, 평가와 종결, 사후관리 등으로 진행된다(Gursansky, Harvey, & Kennedy, 2003). 사례관리 과정은 초기부터 종결까지 시간적인 연속성을 가지고 진행되는데, 이 과정은 사회복지실천과정에서 공통적으로 이루어지는 과정이며, 선형적으로 진행되기보다는 순환적인 과정으로 전개된다.

2. 사례관리자 역할

사례관리자의 역할을 Moxley(1989)가 제안한 직접개입역할과 간접개입역할로 구분할 수 있다. 직접개입역할로는 상담자, 교육자, 협력자, 정보제공자, 조력자의 역할을 감당하며, 간접개입역할로는 중개자, 의뢰자, 조정자, 옹호자, 사회지지망 구축자, 자문제공자의 역할을 수행한다. 사례관리자의 역할과 주요 기능 및 이에 필요한 지식과 실천기술을 정리하면 다음 〈표 13-1〉과 같다.

〈표 13-1〉 사례관리자 역할

역 할		주요 기능	지식과 실천기술
직접 개입 역할	상담자	위기 시 심리적 지지 제공	경청, 감정이입, 환기, 명료화
	교육자	필요한 기술 습득하도록 교육	대인관계 기술, 모델링, 역할연습, 강화를 활용한 피드백 제공
	협력자	필요한 지원과 서비스 안내	대상자의 문제해결 기술 지원
	진행자	적절한 서비스 선택과정 지원	대상자에게 도움이 될 수 있는 전문지식 전달 및 서비스 과정 지지
	정보제공자	전문적인 정보 제공	대인서비스, 공공기관 서비스 전달체계, 기회 등에 대한 전문적 지식 필요
	조력자	대상자의 자기 옹호 조력	대상자가 자기 옹호할 수 있도록 지식, 기술, 자기분석 및 자기인식 필요
간접 개입 역할	중개자	지역의 기관과 자원에 연계	서비스의 이용 가능성, 적절성, 수용성, 접근성, 서비스 질과 범위 등 자원에 대한 상세한 정보 획득 필요
	의뢰자	장애요소 제거하고 문제해결 위해 필요한 서비스 연계	의뢰의 필요성을 알리고, 의뢰에 대한 대상자 감정을 다루며, 의뢰를 통해 변화 달성 정도 안내
	조정자	서비스 조정하는 역할	서비스 조정과정에서 정보교환과 모니터링, 능력개발, 적응 촉진, 네트워킹 기술 사용
	옹호자	대상자 욕구를 기관에 대행하는 역할	대상자의 원조를 거부하는 기관과 대결, 협상하고 원조할 수 있는 동기 지원
	사회지지망 구축자	공식적 · 비공식적 자원 개발	비공식적 사회적 지지망 구축, 공식적 서비스 체계 자원 공급
	자문제공자	대상자를 위한 서비스 질 향상 위해 자문 역할 수행	타 조직이나 기관의 변화와 혁신을 장려하는 전략으로 자문 역할 수행

3. 사례관리 실천과정과 기록

사례관리 사회복지현장실습에서 실습생들이 직접 활용할 수 있는 실천과정은 |그림 13-1|과 같이 초기단계, 사정단계, 계획단계, 실행 및 점검단계, 종결단계

순으로 진행된다. 초기단계부터 종결단계까지 사례관리 과정을 제시하면 다음과 같다.[1]

초기단계	사정단계	계획단계	실행 및 점검단계	평가 및 종결단계
• 사례발견 • 초기면접 (인테이크)	• 욕구사정 • 자원사정 – 내적자원(강점) – 외적자원 (공식 · 비공식)	• 목표 설정 • 목표달성 위한 전략 수립	• 직접실천 • 간접실천 • 계획 이행도 점검	• 성과평가 • 과정평가 • 종결

|그림 13-1| 사례관리 과정

사례관리실천 과정에서 기록은 매우 중요하다. 기록은 사회복지사의 중요한 책무이기도 하다. 사례관리실천 과정에서 면담을 통해 사례관리 대상자가 겪는 어려움, 결핍된 욕구와 필요한 자원 등을 확인하며, 기록된 내용을 중심으로 사례관리 대상자를 이해하고 사례관리 개입을 위한 방향을 설정하고, 개입계획을 수립할 수 있다. 사례관리 과정 중에서 실습생이 참관하거나 참여할 수 있는 초기단계와 사정단계 중심으로 면접방법과 기록방법을 제시하였다.

1) 초기단계

사례관리 초기단계는 사례관리가 필요한 대상자를 발견하고 적격성 여부를 거쳐 대상자로 확정하는 과정과 대상자가 문제해결과 변화를 위해 사례관리에 동의하고 관여하는 초기면접까지 포함한다.

사례관리 대상자를 접촉하는 방법에는 대상자의 자발적인 요청, 의뢰, 사례 발굴 등이 있다. 자발적 요청은 대상자가 직접 사례관리기관에 방문하거나 전화로 서비스를 요청하는 과정이며, 의뢰는 외부 기관을 통해 사례관리 대상자로 연결되는 절차를 의미한다. 발굴은 사례관리가 필요한 잠재적인 사례관리 대상자군을 찾아내어 접근하는 과정이다.

---

1 사례관리 실천과정은 전혜성 · 김정화 · 홍나미 · 강현주 · 권자영 · 정연수(2021). 현장 사례관리 3장 사례관리 구성요소의 내용을 정리하여 제시하였다.

최근 복지사각지대를 해소하고 복지 체감도를 높이기 위해 읍·면·동 복지허브화 등 공공사례관리가 확장되고 있는데, 복지사각지대에 있는 잠재적인 사례관리 대상자의 발굴은 쉽지 않아 중요한 이슈가 되고 있다. 잠재적인 사례관리 대상자가 직접 서비스를 요청할 수 있는 구조를 마련하고, 지역주민들과 관련 기관들이 잠재적 대상자에게 서비스 정보를 제공하며 의뢰할 수 있는 체계를 확보하는 것까지가 발굴 과정임을 기억해야 한다.

초기면접은 사례관리의 의미 및 주요 과정을 설명하는 과정에서부터 시작하여 사례관리자와의 관계형성, 좀 더 세부적인 삶의 상황을 이해하는 데 필요한 정보 수집을 위한 과정이 모두 포함된다(이기연, 2012). 초기면접은 대상자와 신뢰를 쌓는 첫 단추이다. 찾아와 부탁하는 어려움, 그 어려움이 생기게 된 배경, 평소 그런 어려움을 누구와 상의하는지 또 어떻게 하면 해결할 수 있을지, 어떤 도움을 드리면 좋을지 등을 확인하며(김세진, 2014), 그동안 잘 살아왔고, 나름대로 문제를 해결하기 위해 애썼던 여정을 존중하는 자세가 필요하다.

잠재적인 사례관리 대상자로 선정된 후에는 실질적인 접촉을 통해 사례관리 서비스가 있다는 사실을 알리고 이러한 작업과정에 참여할 것을 권유하며, 필요한 동의 및 계약절차를 수행한다. 이 과정에서 사례관리의 목적, 대상자의 권리, 사례관리자와 대상자의 책임과 역할 등에 대해 분명하게 안내하여 대상자의 개별성과 자율성을 보장해야 한다.

사례관리 초기단계에서 사례관리자는 초기면접을 실시하고 면접지를 작성한다. 초기면접에서는 사례관리 대상자와 가족에 대한 인구학적 정보, 도움 요청 사항, 의뢰 사유 등을 파악하여 기재한다. 실습생은 자신의 신분을 밝히고, 사례관리 대상자를 지원하기 위해 초기면접이 필요함을 안내하면서 면접을 실시한다. 실습생들의 경우 초기면접지 칸을 채우기 위해 질문을 요청하는 과정에만 집중하기 쉽다. 그럴 경우, 사례관리 대상자는 존중받지 못한다고 생각할 수 있으므로, 사례관리자는 대상자의 이야기를 충분히 펼쳐낼 수 있도록 경청하는 태도가 필요하다. 초기면접 시에 사례관리 대상자가 제시하는 어려움이나 도움 요청사항은 사례관리 대상자가 표현하는 그대로 인용하여 서술하도록 한다.

〈표 13-2〉 초기면접지 예시

<table>
<tr><th colspan="9">초기면접지</th></tr>
<tr><td colspan="2">접수일자</td><td colspan="2"></td><td>상담일자</td><td></td><td colspan="2">담당부서/담당자</td><td></td></tr>
<tr><td colspan="2">접수경로</td><td colspan="7">□대상자 요청( ) □사례관리자 발굴( ) □기관 내부 의뢰( )
□타 기관 의뢰( ) □지역주민 등 의뢰( ) □기타( )</td></tr>
<tr><td colspan="2">의뢰사유</td><td colspan="7"></td></tr>
<tr><td colspan="2">싱담유형</td><td colspan="7">□내방 □가정방문 □전화 □기타( )</td></tr>
<tr><td rowspan="7">대상자</td><td>이름</td><td colspan="2"></td><td>성별</td><td></td><td colspan="2">생년월일(나이)</td><td></td></tr>
<tr><td>주소</td><td colspan="4"></td><td colspan="2">연락처</td><td></td></tr>
<tr><td>학력</td><td colspan="2"></td><td>직업</td><td></td><td colspan="2">종교</td><td></td></tr>
<tr><td>보호대상 구분</td><td colspan="7">□맞춤형급여 대상(□생계급여, □의료급여, □주거급여, □교육급여, □기타)
□조건부수급(□자활근로, □근로) □차상위 □공적부조 미대상( )</td></tr>
<tr><td>가구형태</td><td colspan="7">□독거 □노인부부 □한부모 □부부+자녀 □조손 □기타</td></tr>
<tr><td rowspan="2">건강상태</td><td colspan="3" rowspan="2">□양호 □보통 □허약
(질환 :)</td><td colspan="2">장기요양보험</td><td colspan="2">□유(등급) □무</td></tr>
<tr><td colspan="2">장애명(등급)</td><td colspan="2"></td></tr>
<tr><td rowspan="5">가족사항</td><td>관계</td><td>이름</td><td>성별</td><td>나이</td><td>학력</td><td>직업</td><td>동거여부</td><td>특이사항</td></tr>
<tr><td></td><td></td><td></td><td></td><td></td><td></td><td></td><td></td></tr>
<tr><td></td><td></td><td></td><td></td><td></td><td></td><td></td><td></td></tr>
<tr><td></td><td></td><td></td><td></td><td></td><td></td><td></td><td></td></tr>
<tr><td></td><td></td><td></td><td></td><td></td><td></td><td></td><td></td></tr>
<tr><td colspan="2">대상자의 욕구 · 문제</td><td colspan="7"></td></tr>
<tr><td colspan="2">상담자 의견</td><td colspan="7"><대상 적합 여부>
□사례관리대상 □서비스 연계 대상 □미선정 대상</td></tr>
</table>

2) 사정단계

사정(assessment)은 사례관리자와 대상자가 함께 대상자의 욕구에 관한 정보를 수집하고, 분석하며, 우선순위화하고, 종합화하는 과정이다. 이 과정에서 사례관리자는 생태체계적 관점에서 대상자 개인과 환경의 상호작용에 초점을 맞추어 사정한다. 즉, 대상자의 문제를 규명하고, 개인의 신체적, 심리적 요소를 포함한 내부 체계에 대해 사정하며, 가계도를 활용하여 가족체계를 사정하고, 생태도를 이용하여 대상자의 사회적 환경체계에 대해 사정한다. 사정은 사정단계뿐 아니라 사례관리 과정에서 계속되는 과정이며 대상자와 상호성을 기초로 하여 이루어져야 하고 대상자의 관여가 절대적으로 필요하다. 이때 문제해결에 있어 걸림돌이 되는 장애물을 점검할 뿐 아니라 대상자가 가진 강점과 자원을 반드시 탐색한다.

사정 시에 사례관리자는 대상자의 좋지 않은 것을 해결하려는 소극적 욕구보다는 좋은 것을 이루려고 누릴 수 있는 적극적 욕구를 선정하며, 대상자가 느끼고 표현하는 욕구를 존중하지만 사례관리자의 가치와 철학, 처지와 역량, 기회비용, 대상자와의 관계를 생각하여 사례관리자가 잘 도울 수 있는 욕구를 선정하는 것도 고려한다(김세진, 2014). 또한 사례관리자는 욕구의 이면에 깔린 권리의 문제를 확인해야 한다. 욕구는 그것 자체가 목적이 아니라 다른 바람직한 목표를 달성하기 위한 수단이며, 권리의 충족이라는 측면에서 우선순위를 결정할 수 있는 기준이 되기 때문이다. 이 단계에서는 대상자가 표현한 욕구 뒤에 또 다른 숨은 욕구가 있는지 확인하고, 대상자 본인에게 유익이 되는지 여부를 확인하도록 한다. 욕구는 변화목표, 성과와 직접적인 관련이 있으므로 원하는 서비스를 요청하는 요구(demands)와는 구분되어야 한다.

사정단계는 사례관리 대상자가 안고 있는 문제나 어려움, 사례관리 과정을 통해서 지원해야 하는 욕구에 대한 종합적 사정평가를 하는 단계이다(한국사례관리학회, 2020). 사정평가는 강점관점을 기반으로 사례관리 대상자의 개별화된 욕구를 파악해야 한다. 사정단계에서는 욕구사정, 자원사정, 장애물사정을 중점적으로 실시하여 사정기록지에 기록한다.

사정기록지에 포함되는 항목들은 사례관리현장에서는 욕구와 자원, 그리고 장애물을 사정하는 과정이 구분되지 않고 통합적으로 이루어진다. 다음 〈표 13-3〉을 활용하여 사례관리 대상자의 주요 욕구영역(10개)을 파악할 수 있다.

〈표 13-3〉 욕구영역별 점검항목 질문

욕구영역	점검항목별 질문(예시)
안전	• 가족구성원, 비동거 가족, 이웃, 친구, 사회(학교, 직장)로부터 안전을 위협받고 있는가? • 대상자가 타인의 안전을 위협하고 있는가? • 응급 시 도움을 요청할 체계가 있는가?
	[강점관점 질문의 예] – 가족구성원으로부터 위협에 대처하기 위해 어떠한 것들을 시도하였는가? – 가족 외부적 요인으로부터의 위협을 극복하기 위해서 무엇을 하였는가? – 이들 중 도움이 되었던 것들은 어떤 것이었나? – 어떤 경우에 안전하다고 생각하는가? – 자녀를 어떻게 안전하게 보호하는가?
건강	• 본인이나 동거가족 중 신체적 질환 혹은 정신적 질환(중독, 우울, 조현증 등)으로 약물관리를 하는가? • 신체적 질환 또는 정신적 질환으로 일상생활, 사회생활 등에 어려움이 있는가? • 본인이나 동거가족 중 지난 6개월 동안 자살을 시도한 적이 있는가?
	[강점관점 질문의 예] – 어떤 경우에 본인이 신체적으로, 정신적으로 건강하다고 생각하는가? – 신체적으로 가장 잘할 수 있는 것은 무엇인가? – 무엇이 자신을 신체적으로나 정신적으로 건강하게 만든다고 생각하는가? – 현재까지 이 정도의 건강을 유지하는 비결은 무엇이라고 생각하는가? – 몸 또는 마음이 아플 때 누구에게 연락하는가?
일상생활 유지	• 본인이나 동거가족이 일상생활(식사, 용변처리, 옷입기, 세탁, 몸씻기, 청소, 정리정돈, 수면, 그 외 가사활동)에 어려움이 있는가? • 외출 시 이동이 어려운가?
	[강점관점 질문의 예] – 어떻게 모든 일상생활(의식주 관련, 가사 등)을 처리하고 있는가? – 어떤 지원을 받고 있는가? – 휴가나 여가시간에 주로 무엇을 하는가? – 얼마나 자주, 어디서, 누구와 이것을 하는가? – 특별히 좋아하는 활동은 무엇인가? – 어떤 경우에 여가나 휴가를 잘 보냈다고 생각하는가? 그때는 무엇이 달랐는가?
가족관계	• 동거 혹은 비동거 가족구성원 간 갈등이나 단절될 상황인가? • 영유아, 아동, 노인, 장애인 등을 양육하거나 돌보는 데 어려움이 있는가?
	[강점관점 질문의 예] – 도움이 필요할 때 가족 중 누가 가장 많은 의지가 되고 도움을 주는가? – 가족 중 주로 누구와, 무엇을 하며 시간을 보내는가? – 가족 중에서 누가 가장 당신을 걱정하고 있다고 생각하는가?

<table>
<tr><td rowspan="2">사회적 관계</td><td>• 도움을 받을 만한 친인척, 이웃, 동료관계, 단체나 기관이 있는가?
• 본인이나 동거가족이 방에서 거의 나오지 않으면서 외부와 관계가 단절된 상황인가?
• 본인이나 동거가족이 이웃과 갈등을 유발하고 있는가?</td></tr>
<tr><td>[강점관점 질문의 예]
– 삶에서 가장 중요한 사람은 누구인가?
– 도움이 필요할 때 누가 가장 많은 의지가 되고 도움을 주는가?
– 이웃, 지역사회기관, 종교기관 등으로부터 어떤 지지를 받고 있는가?
– 과거에 이웃, 지역사회기관, 종교기관 등으로부터 어떤 지지를 받았었는가?
– 누구와 주로 시간을 보내는가?
– 잘 지내는 친구나 이웃은 누구인가?
– 누가 가장 당신을 걱정하고 있다고 생각하는가?
– 현재 참여하고 있는 모임은 무엇인가?</td></tr>
<tr><td rowspan="2">경제</td><td>• 돈이 없어서 기초생활(의식주, 교육비, 의료비, 집세, 퇴거위험, 난방, 공과금 등)에 어려움이 있는가?
• 금전관리(수입과 지출)나 빚 때문에 어려움이 있는가?</td></tr>
<tr><td>[강점관점 질문의 예]
– 어려운 형편에 어떻게 지금까지 유지를 잘 해왔는가? 현재 가족 혹은 정부로부터 어떤 도움을 받고 있는가?
– 어떻게 관리를 해오고 있는가?
– 가족원 중에 누가 어떤 일을 하는가?
– 돈이 있다면 무엇을 가장 먼저 구매하겠는가?
– 당신을 위해 어떤 보상을 줄 것인가?
– 과거에 세금 같은 것을 어떻게 지불했는가?</td></tr>
<tr><td rowspan="2">교육</td><td>• 본인이나 자녀가 기초학습능력(읽기, 쓰기, 말하기, 듣기, 타인 이해하기, 계산하기 등)이 부족하여 사회생활이 어려운가?
• 본인이나 자녀가 학교생활이나 학업유지에 어려움이 있는가?</td></tr>
<tr><td>[강점관점 질문의 예]
– 어떤 과목을 좋아하는가?
– 이것만은 최고라고 자부할 수 있는 본인의 기술, 특기는 무엇인가?
– 교육 관련 정보를 어느 정도 확보하고 있는가?
– 아이가 어린이집이나 유치원, 기타 또래그룹에 참여하고 있는가? 어떻게 상호작용하는가?
– 누가 아이와 함께 놀아주고 책을 읽어주는가?</td></tr>
<tr><td rowspan="2">직업</td><td>• 본인이나 동거가족이 근로능력, 가족돌봄, 자녀양육, 일자리 발굴, 대인관계기술, 신용, 신체 및 정신건강 등에 어려움이 있어서 일하기 어려운가?</td></tr>
<tr><td>[강점관점 질문의 예]
– 어떤 직업들을 가져보았는가?
– 현재 직장생활을 잘 하고 있는 것은 무엇 때문이라고 생각하는가?</td></tr>
</table>

<table>
<tr><td></td><td>- 직장과 관련해서 무엇을 가장 좋아하는가?
- 일하는 동안, 어떤 영역에서 최선을 다하는가?</td></tr>
<tr><td rowspan="2">생활환경</td><td>• 주거나 주거환경이 본인이나 가족의 안전과 건강에 해를 끼치는가?
• 주거환경 문제로 본인이나 동거가족이 이웃과 갈등을 유발하고 있는가?</td></tr>
<tr><td>[강점관점 질문의 예]
- 자신이 살고 있는 곳 · 지역사회의 어떤 점이 좋은가?
- 다른 사람들은 현재 거주하고 있는 곳 · 지역사회에 사는 것이 어떤 면에서 좋다고 이야기 할 것 같은가?
- 이동 시 누구의, 어떤 도움을 받는가?</td></tr>
<tr><td rowspan="2">법률 및 권익 보장</td><td>• 본인이나 동거가족이 법적문제로 일상생활이나 사회생활에 어려움이 있는가?
• 본인이나 동거가족이 차별대우나 불이익을 받고 있는가?</td></tr>
<tr><td>[강점관점 질문의 예]
- 현재 법적인 문제와 관련하여 누구에게 어떤 기관의 자문을 받고 있는가?
- 어떻게 대처하고 있는가?</td></tr>
</table>

〈표 13-4〉 사정기록지 예시

<table>
<tr><td colspan="9">사정기록지</td></tr>
<tr><td colspan="2">사례번호</td><td></td><td>사정일</td><td colspan="2"></td><td colspan="2">사례관리자</td><td></td></tr>
<tr><td rowspan="7">인
적
사
항</td><td>이름</td><td></td><td>성별</td><td colspan="2"></td><td colspan="2">생년월일(나이)</td><td></td></tr>
<tr><td>주소</td><td colspan="4"></td><td colspan="2">연락처</td><td></td></tr>
<tr><td>학력</td><td></td><td>직업</td><td colspan="2"></td><td colspan="2">종교</td><td></td></tr>
<tr><td>주거형태</td><td colspan="7">□아파트 □다세대/ 연립 □단독주택 □무허가/ 비닐하우스
□여관, 고시원, 쪽방 □기타( )</td></tr>
<tr><td>주거상태
(중복응답)</td><td colspan="7">□양호 □노후 □악취/ 불결 □긴급보수 요함 □한파 취약
□환기부족 □채광부족 □기타( )</td></tr>
<tr><td rowspan="2">경제상황</td><td>월 수입</td><td colspan="6">월 원
(수급액 원 + 개인소득 원 + 기타 원)</td></tr>
<tr><td>월 지출</td><td colspan="2"></td><td colspan="2">부채</td><td colspan="2"></td></tr>
<tr><td colspan="2">개인력</td><td colspan="7"></td></tr>
<tr><td colspan="2">가족력</td><td colspan="7"></td></tr>
</table>

<table>
<tr><td colspan="3">가계도(그림과 서술로 작성)</td><td colspan="2">생태도(인적 · 물적 자원활용 및 관계 등을 기록)</td></tr>
<tr><td colspan="3"></td><td colspan="2"></td></tr>
<tr><td colspan="2">대상자의 강점과 근거
(내적 자원)</td><td colspan="3"></td></tr>
<tr><td colspan="2">외적 자원</td><td colspan="3">1) 비공식적 자원

2) 공식적 자원</td></tr>
<tr><td rowspan="12">욕
구
사
정</td><td>구분</td><td colspan="2">욕구 내용</td><td>위기도 사정</td></tr>
<tr><td>① 안전</td><td colspan="2"></td><td></td></tr>
<tr><td>② 건강</td><td colspan="2"></td><td></td></tr>
<tr><td>③ 일상생활</td><td colspan="2"></td><td></td></tr>
<tr><td>④ 가족관계</td><td colspan="2"></td><td></td></tr>
<tr><td>⑤ 사회관계</td><td colspan="2"></td><td></td></tr>
<tr><td>⑥ 경제</td><td colspan="2"></td><td></td></tr>
<tr><td>⑦ 교육</td><td colspan="2"></td><td></td></tr>
<tr><td>⑧ 고용</td><td colspan="2"></td><td></td></tr>
<tr><td>⑨ 생활환경</td><td colspan="2"></td><td></td></tr>
<tr><td>⑩ 법률/ 권익</td><td colspan="2"></td><td></td></tr>
<tr><td>⑪ 기타</td><td colspan="2"></td><td></td></tr>
<tr><td colspan="2">사례관리자의 의견</td><td colspan="3">□ 욕구 위기도
□ 사례관리수준 판정
□ 종합의견</td></tr>
</table>

3) 계획단계

계획단계는 사정을 통해 얻은 자료를 바탕으로 달성하고자 하는 변화목표를 분명히 하며, 이러한 변화목표를 달성하는 데 필요한 전략과 방법을 구성해 가는 과정이다. 즉, 대상자의 삶의 문제해결을 위해 어떠한 방법으로 서비스를 제공한다면 문제가 해결될 수 있을 것인지에 대한 논리적인, 실천적인 근거가 확보된, 개별화된 서비스 제공 계획이다(이기연, 2012). 사정과정을 통해 대상자의 해결해야 할 문제와 보호의 목적을 확인하였다면, 계획과정에서는 확인된 욕구를 충족시킬 수 있는 적절한 자원과 수단을 선택하여 연결하는 데 초점을 둔다.

계획단계에서 대상자의 변화를 촉진하기 위해서는 첫째, 사례관리자와 대상자가 신뢰관계를 바탕으로 함께 구체적이고 세부적인 목표를 설정한다. 둘째, 사정에서 확인된 주요 문제나 욕구의 해결을 위해 우선순위를 정하고, 셋째, 목표달성을 위한 선택방법을 함께 수립한다. 넷째, 목표는 대상자의 현재 상황을 기반으로 현실과 실행 가능성이 고려되어야 한다. 서비스 계획 수립 시 대상자와 가족의 합의에 유의하고, 합의한 내용은 기록하여 둔다.

4) 실행 및 점검단계

실행 및 점검단계는 정보 수집 및 계획단계에서 작성된 계획의 목적 달성을 위한 활동 과정을 의미한다. 실행과정은 사례관리의 전 과정에서 가장 가시적인 과정이며(Sheafor & Horejsi, 2006), 사례관리의 중심기능이라 할 수 있는 서비스의 조정이 강조되는 단계이다(Murer & Brick, 1997). 즉, 실행과정은 대상자의 상황에 변화를 가져올 수 있도록 추진되어야 하므로, 사례관리자는 다양한 서비스제공자와 협력적 관계를 바탕으로 서비스를 연계하고, 다양한 사회자원을 대상자가 활용하여 욕구를 충족해 갈 수 있도록 촉진하고 조정하는 역할이 요청된다.

점검 과정은 서비스가 계획된 대로 잘 실행되고 있는가를 확인하는 과정으로 사례관리자와 대상자를 대상으로 이루어진다. 사례관리자를 대상으로는 사례관리 실행계획이 계획대로 이행되고 있는가, 대상자에게 제공되는 서비스가 적합한가 등을 점검하며, 대상자에 대해서는 대상자가 사례관리 과정에 적극적으로 참여하며 만족하고 있는가, 대상자가 충족해야 할 욕구의 내용과 수준이 변화되고 있는가를 확인한다. 이 단계에서는 대상자의 변화 정도, 서비스와 지원계획의 목표 성취도, 사회적 지지의 산출 정도, 대상자의 만족도 등을 점검하고 파악하여 서비스 계획의 변화여부를 검토한다. 대상자가 중복서비스를 받거나 지원체계를 남용하지 않는지도 점검한다.

사례관리자는 실행단계에서 대상자의 욕구가 변화되었거나 사례관리의 방향이 대상자에게 적합하지 못하다고 판단되면 재사정을 수행할 필요가 있으며, 이는 사례관리 과정 중에 반복적으로 이루어질 수 있다.

5) 평가 및 종결단계

사례관리 평가단계는 사례관리 대상자의 욕구와 문제가 개입을 통해 어느 정도 달성되었는가를 확인하는 과정이다. 사례관리자는 대상자의 변화에 대한 평가를 위해 양적평가뿐 아니라 질적평가 방법을 활용하여 다양하게 측정한다. 평가는 종결단계에서 단회로 실시하고 마치는 것이 아니라 사례관리 초기단계부터 종결단계까지 지속적으로 이루어지는 과정임을 기억해야 한다.

이때 사례관리자의 주요 평가질문은 '그 계획이 효과적이었나?', 즉 '계획대로 수행한 결과가 대상자의 복지와 기능화를 개선하였는가?'이며, 이 평가질문에 대한 답에 따라 종결 여부를 결정하게 된다. 사례관리가 대상자 차원의 변화만을 도모하는 것이 아니므로 또 다른 평가질문으로는 대상자의 사회적 지지체계들이 더욱 활성화되었는지, 대인서비스 제공자들이 대상자와 유사한 문제에 대응하기 위한 전달체계에 개선을 이루었는지 등에 대한 평가도 포함될 수 있다(이기연, 2012).

대상자가 원했던 변화가 일어나게 되면 사례관리는 종결된다. 목표가 어느 정도 달성되었다면 대상자와 사례관리를 끝내는 문제를 미리 상의하는 것이 바람직하다. 종결단계에서 대상자의 불안과 부정적 정서를 다루기 위해서 그동안 사례관리 과정에서 일어난 변화의 내용을 점검하면서 대상자가 문제해결을 위해 노력했던 행동과 긍정적 경험과 성과 등을 격려하고 지지한다.

사후관리는 종결평가 후 일정 기간 사례관리 대상자의 변화 지속 여부를 모니터링하는 활동을 의미한다. 사후관리 과정에서 사례관리자는 지지적 상담과 정보를 제공하여 대상자가 변화상태를 유지하고 위기 상황의 재발을 예방할 수 있도록 도울 수 있다.

참고문헌

국가인권위원회(2009). 정신장애인 인권보호와 증진을 위한 국가보고서. 국가인권위원회.

국립정신건강센터(2021). 2021 전국 정신건강증진기관 현황집.

김동일 · 고은영 · 고혜정 · 김병석 · 김은향 · 김혜숙 · 박춘성 · 이명경 · 이은아 · 이제경 · 정여주 · 최수미 · 최종근 · 홍성두(2019). **특수아상담**. 학지사.

김성경(2003). 그룹홈 청소년의 일상생활 스트레스가 심리사회적 적응에 미치는 영향 연구. **청소년학연구, 10**(1), 117-137.

김성경 · 김혜영(2021). **현대사회아동복지론**. 양서원.

김세진(2016). **복지관사례관리노트**. 푸른복지.

김종명 외(2017). **사회복지프로그램 개발과 평가**. 양서원.

김혜영 · 석말숙 · 최정숙 · 김성경(2020). **사회복지실천론**. 공동체.

김희성(2009). **사회복지 프로포절 작성법**. 공동체.

노혜련 · 김윤주(2014). **강점관점 해결중심 사례관리**. 학지사.

노혜련 · 김윤주(2020). **강점관점 해결중심 사례관리**(제2판). 학지사.

문수열(2021). **사회복지프로그램 개발과 평가**. 양서원.

박희숙 · 현민식 · 김애선(2021). **사회복지현장실습과 실습세미나**. 지식공동체.

변용창 · 김성희 · 윤상용 · 임성은(2005). 장애인 이용시설 복지서비스 실태 및 개선방안 연구. 한국보건사회연구원.

보건복지부(2019). 장애인과 함께하는 활동지원사 양성 교육과정.

__________(2020a). 2020 노인복지시설현황.

__________(2020b). 2020년도 공동생활가정 현황.

__________(2020c). 2020년도 아동복지시설 현황.

__________(2020d). 2020년도 지역아동센터 지원 사업안내.

__________(2020e). 정신건강사업안내.

__________(2021a). 2021년 장애인복지시설 사업안내(제3권).

__________(2021b). 정신건강사업안내.

사회보장정보원(2018). 통합사례관리 실천가이드. 희망복지중앙지원단 사례관리정책지원센터.

서울사이버대학교(2016). **사회복지현장실습 안내**.

오정수 · 류진석(2016). 지역사회복지론. 학지사
오창순 · 장수미 외(2014). 콕콕 짚어주는 사회복지 현장실습지침서. 학지사.
오혜경 · 하지영(2010). 사회복지현장실습 매뉴얼. 양서원.
유수현(2017). 의료사회사업론. 양서원.
유수현 외(2021). 정신건강사회복지론(개정 3판). 신정.
윤철수 · 석말숙 외(2018). 사회복지개론. 학지사.
이근홍(2021). 노인복지론(제3판). 공동체.
이기연(2012). 사례관리의 주요과정 이해. 사례관리 전문가 교육 실무자 기초과정. 한국사회복지사협회. 한국사례관리학회.
이민홍 외(2012). 사회복지프로그램 개발과 평가. 나눔의집.
이병화 · 이미영 · 김민영 · 서혜정 · 양희택 · 최유일(2020). 2020년 장애인 주간보호시설 운영 실태조사. 경기복지재단.
이송희(2019). 장애인복지 환경 변화에 따른 서울시 장애인복지관 기능개편 방안. 한국사회복지행정학회 학술대회 자료집, 121-139.
이원주 · 우병훈(2020). 사회복지현장실습. 공동체.
이준우 · 최희철(2014). 사례관리론. 신정.
이해영(2021). 케어복지론(제3판). 양서원.
임정문 외(2021). 사회복지현장실습. 동문사.
임정원(2016). 정신건강론. 신정.
전혜성 · 김정화 · 홍나미 · 강현주 · 권자영 · 정연수(2021). 현장 사례관리. 학지사.
정무성 · 정진모(2001). 사회복지프로그램 개발과 평가. 양서원.
정연모 · 임우현 외(2020). 사회복지현장실습. 공동체.
조흥식 · 김상균 외(2015). 사회복지개론. 나남.
한국복지연구원 편(2019). 2018-2019 한국의 사회복지. 학지사.
한국사례관리학회(2012). 사례관리론. 학지사.
______________(2016). 사례관리론. 학지사.
______________(2020). 사례관리론. 학지사.
______________(2012). 사례관리전문가 교육-실무자 기초과정. 학지사.
한국사회복지교육협의회(2020). 2021-2022년도 사회복지학 교과목지침서. 사회복지현장실습. 한국사회복지교육협의회.
한국정신건강사회복지사협회(2021). 정신건강사회복지의 이해와 실제. 신정.

Downs, S. W., Costin, L. B., & McFadden, E. J.(2000). *Child Welfare and Family Services : Policies and Practice*(6th ed.). Boston : Allyn and Bacon.

Frankel, A. J., & Gelman, S. R.(2004). *Case Management*. Lyceum.

Gursansky, D., Harvey, J., & Kennedy, R.(2003). *Case Management : Policy, Practice. and Professional Business*. NY : Columbia University Press.

Holt, B.(2000). *The Practice of Generalist Case Management*. Boston : Allyn and Bacon.

Moxley, P. David(1989). *The Practice of Case Management*. Sage Publication.

Murer, C. G., & Brick, L, L.(1997). *The Case Manager's Source Book : A Guide to Designing and Implementing a Centralized Case Management System*. NY : McGraw-Hill.

OECD(2003). Transforming Disability into Ability : Policities to promote work and income security for disable people.

Rothman, J. C., & Sager, J. S.(1998). *Case Management : Integrating Individual and Community Practice*. Allyn and Bacon.

Sheafor, B. W., & Horejsi, C. S.(2006). *Techniques and Guidelines for Social Work Practice*(10th ed.). Allyn & Beacon. Boston : MA.

〈웹사이트〉

법제처. https://www.moleg.go.kr

보건복지부. https://www.mohw.go.kr

사회복지공동모금회. https://chest.or.kr

사회복지현장실습 등록시스템. http://lic.welfare.ent

서울특별시지적발달장애인복지협회. http://www.saidd.or.kr

아동권리보장원. https://www.ncrc.or.kr

한국사회복지관협회. https://kaswc.or.kr

한국사회복지사협회. https://www.welfare.net

한국장애인복지시설협회. http://www.kawid.or.kr

저/자/약/력

■ 홍나미

수원과학대학교 사회복지학과 교수

이화여자대학교 사회복지학과 학사
이화여자대학교 사회복지학과 석사
이화여자대학교 사회복지학과 박사

현장사례관리(공저, 학지사)
아동권리와 복지(공저, 공동체)
사회복지실천기술론(공저, 공동체)

■ 김혜영

수원과학대학교 사회복지학과 교수

이화여자대학교 사회복지학과 학사
이화여자대학교 사회복지학과 석사
이화여자대학교 사회복지학과 박사

현대사회 아동복지론(공저, 양서원)
사회복지실천론(공저, 공동체)
사회복지실천기술론(공저, 공동체)

■ 이은진

수원과학대학교 사회복지학과 교수

성균관대학교 사회복지학과 학사
이화여자대학교 사회복지대학원 석사
성균관대학교 사회복지학과 박사

정신건강증진(공저, 포널스)
사회복지와 문화 다양성(공저, 학지사)
정신건강사회복지의 이해와 실제(공저, 신정)

■ 신인순

수원과학대학교 사회복지학과 교수

이화여자대학교 국어국문학과 학사
가톨릭대학교 사회복지대학원 석사
가톨릭대학교 사회복지학과 박사

다문화교육(공역, 학지사)
청소년정책과 사회통합(공역, 양서원)
청소년 활동윤리(공역, 양서원)

사회복지현장실습과 세미나

|공저자| 홍나미 · 김혜영 · 이은진 · 신인순

|1판 1쇄| 발행 2022년 6월 30일
|1판 2쇄| 발행 2023년 1월 30일
|1판 3쇄| 발행 2025년 7월 30일

|발행인| 김동훈

|발행처| 공동체

|주소| 경기도 고양시 일산동구 호수로 358-39, 동문타워 I 905호(백석동)
|전화| 031) 814-3000(대표)
|팩스| 031) 814-3100
|홈페이지| www.compub.co.kr
|전자우편| compub@naver.com
|출판등록| 2005년 10월 6일
|등록번호| 제396-2005-36호

|ISBN| 979-11-6725-171-8
정가 14,000원